律师说法

与权利有关的法律常识

王 颖 著

中国华侨出版社
·北京·

图书在版编目（CIP）数据

与权利有关的法律常识 / 王颖著. —北京：中国华侨出版社, 2021. 1

ISBN 978-7-5113-8451-5

Ⅰ. ①与… Ⅱ. ①王… Ⅲ. ①公民—权利与义务—基本知识—中国 Ⅳ. ①D621. 5

中国版本图书馆CIP数据核字（2020）第 234365 号

●与权利有关的法律常识

著　　者 / 王　颖
责任编辑 / 王　委
封面设计 / 何洁薇
经　　销 / 新华书店
开　　本 / 880毫米 × 1230 毫米　1/32　印张/ 7. 75　字数/ 168 千字
印　　刷 / 北京天正元印务有限公司
版　　次 / 2021 年 1 月第 1 版　2021 年 1 月第 1 次印刷
书　　号 / ISBN 978-7-5113-8451-5
定　　价 / 32. 00元

中国华侨出版社　北京市朝阳区西坝河东里77号楼底商5号　邮编：100028
法律顾问：陈鹰律师事务所
发 行 部：（010）64443051　传　真：（010）64439708
网　　址：www.oveaschin.com　E-mail：oveaschin@sina.com

生活中的权利

喜祥
庚子冬月

序　一

一位优秀律师的社会责任

正值告别2020，迎接2021之际，王颖律师的《与法律有关的法律常识》一书即将付梓出版。这是一本写给普通老百姓看的法律书。这本书的出版为今年这个特殊年份抹上了一层亮色。我为她感到欣喜之余，也有颇多感慨。

作为进入律师行业三十多年的一名资深律师，我亲身参与了改革开放之后我国法律制度的重建和发展过程，其间有很多感人至深的故事，深刻反映了中国政府和中国法律人积极推进法治建设，提高人民法律意识，加强保护公私财产，以及融入国际法律规章秩序的决心和努力。

可是，相较于经济、科技和商业领域日新月异、引人瞩目的成绩，法律方面的进步显得谨慎又低调。虽然依法治国的理念已经深入人心，但是现实生活中，广大老百姓接触和了解法律规定和法律理念的渠道还是比较少的。这很大程度上阻碍了法律知识的普及和法律意识的提高。

九三学社是以科学技术界高、中级知识分子为主的具有政治联盟特点的政党，是接受中国共产党领导、同中国共产党通力合作的亲密友党，是中国特色社会主义参政党。九三学社法律委员会是在八个民主党派中最早成立的法律专门委员会，整合了九三学社法律界的高端人才。九三学社法律专门委员会的成立在推动依法治国和国家治理现代化中发挥了重要作用。法律专门委员会认真贯彻十九届五中全会精神和习近平法治思想，坚持以人民为中心的发展理念，在参政议政、民主监督和社会服务中发挥了重要作用。

王颖律师是九三学社中央法律委员会委员，也是一名经验丰富的律师，同时担任北京市教育学会公益律师，多次参与青少年法律教育和权利保障的公益活动。王颖律师工作之余，笔耕不辍，她利用业余时间完成的这本书正是从老百姓的角度来普及法律知识，传播法律理念，从而达到提升普通人法律意识的作用。

公民的学法、守法、普法至关重要，在这里使我想起了在二十多年前，我主持代理的中华人民共和国成立以来，被法律界称之为20世纪中国最大的一起行政诉讼案“贤成大厦案”，在最高法院开庭长达6天，这个案件不论判决结果怎样，对变革中的中国社会具有重要的启示意义。现在，大家的权利意识增强了。但是，权利与义务对立统一的关系，却常常被忽视，导致很多人行使权利的同时，造成了对他人权利的侵害，引发矛盾冲突。比如，养狗人在享受爱犬带给他的快乐时，却忽略了作为宠物饲养人的义务，不遵守养犬规定，给他人造成人身伤害，引发纠纷和经济赔偿。因此，生活中，即便是不了解法律规定，如果大家都能有权利与义务的对立统一关系的法律常识，那么，在日常行为上，也会多几分对他人的尊重，也为自己减少麻烦。

正是基于对法律中权利义务理论的深刻理解，并结合实际工作和生活中的案例，王颖律师用通俗易懂的笔触为大家娓娓讲述法律的知识，并力争能传递一种存在于法律规定背后的体现公平、正义和善良的法律理念。恰恰是这种理念，是法律条文的基石，保证其调整社会生活关系的同时，也反映出我们社会主义法治的精神价值。

此书的可贵之处还在于，每个案例中均对现行法律和即将实施的《民法典》的相关内容进行了对比，让读者能够更好地了解法律规定和司法实践的情况。《民法典》于 2021 年 1 月 1 日起实施，因此，现行的司法解释和判例对于明年的案件还是有非常强的借鉴意义的。王颖律师如此安排本书内容，可见其用心良苦，也是非常花费功夫的工作。

王颖律师在工作之余，为我国的法律建设和进步献言献策。我们都有一个共同想法，在经济突飞猛进的伟大年代，我们法律人除了埋头工作，解决具体纠纷之外，还应该勤于思考，用我们的专业知识为普通老百姓做更多事情，为中国的法治建设贡献一份力量。这其中就包括提升普通人的法律意识和普及法律常识的工作。

最后，作为王颖律师的同行和朋友，我衷心地希望这本书能够成为读者的良师益友，让更多人能够看到，让更多人能从中受益。

《与权利有关的法律常识》是一部法律工具书，我希望这本书对于促进法律法学研究起到积极作用，让《民法典》成为人人会用的“权利宝典”，让我们的人民在依法治国和国家治理现代化中享受红利。

因时间仓促，加之水平有限，书中难免出现疏漏和错误，敬请各位专家、读者批评指正，以便在今后修订时更正。

谨以此书献给为祖国法治建设辛勤耕耘的人们。

阎建国

2020年10月22日

（第十二、十三届全国人大代表、九三学社中央委员、九三学社中央法律委员会主任、最高人民法院特约监督员、最高人民检察院特约监督员、中华全国律协农业农村法律委员会主任、北京市律师协会监事、北京信利律师事务所首席合伙人）

序　二

王颖律师又要出新书了！因为新书中涉及我一直都最关心的“一老一小”：老人和儿童的权利保护，所以特别嘱托我为这本新书写几句话，让我倍感荣幸。

虽然已经时隔五年，和王颖律师初次见面的场景却恍若昨日，一切都历历在目。2015 年，我承担了一项有关九三学社女性社员发展状况的研究，计划对九三学社中的女性社员、各个行业的精英翘楚们进行深度的访谈，了解她们成长发展的心理历程和困境等。王颖律师作为“70 后”、海归、律师事务所合伙人，九三学社北京市社委将她的联系电话给了我，我们约着在王府井的咖啡厅完成这次的访谈工作。

那天具体谈了些什么已经不太记得了，但是访谈中发现彼此对许多社会问题的基本价值判断共识多多，特别让我惊讶的是，作为一名律师，王颖在谈及女性发展、儿童保护、婚姻家庭关系等问题上，流露出了非常自觉和强烈的性别平等意识，同时她身上流露出一股强烈的社会责任感，言谈话语间满满地充溢着“古道热肠”的气息，让我们彼此都有一见如故、相见恨晚的感觉。此后我也作为志愿者参与了王颖律师的进城务工子女学校的普法公益讲座活动之中，她也帮我解答很多法律方面的问题，我们一起承担九三学社参政议政的课题调研等，两个人的轨迹交织越来越多、越来越密。

王颖律师不仅能以职业律师的言语来表达，她还可以将一个个现代的法律问题融入我们的社会热点、甚至“八卦”、历史故事等题材之中，用相当潮流的方式向社会公众进行法理的宣传倡导。这几年间，她一边当律师、一边做公益，还一直经营着自己的微信公众号、同时出版了好几本风格题材不同的书。去年她的一本以青年律师的个人成长发展为主题的小说，被我还在读小学六年级的儿子捧在手中一气读完，让我对王颖律师的才能钦佩不已。

我自己这些年一直致力于用大白话的方式把国家的政策、养老护理的知识技能转化出来，以图让更多的人能够轻松获取这些信息。此前和王律师讨论过目前老年人和儿童这些相对弱势的群体，在现实的生活中面临着诸多现实的法律困境，亟待社会各方面的关注和支持，其实也是希望把王律师的才能引流到“一老一小”的法律保护领域。今年这本“给非法律人士阅读的法律书，用故事来说明法律道理”的“法律故事书”，我权且将它视为王颖律师用自己的妙笔回应我的需求，让我欣喜不已。在这本书中，王律师把那些与我们每个人的生活都息息相关但枯燥乏味的法律条文，巧妙地融化到了一个个鲜活生动的事例之中，让我们能够设身处地、身临其境地去完成对这些基本法律法理的接纳。

期待王颖律师的“故事普法”，可以帮助我们每个人，包括老人、孩子都能够把自己的权利，握在自己的手里！

贾云竹

2020 年 12 月于北京

（北京协力人口与社会发展研究所所长、九三学社中央委员会社会建设专门委员会秘书长）

目　录

第一篇　常见权利保护

第二篇　特殊权利保护

第三篇　老年人权利保护

第一篇　常见权利保护

一、高空坠物伤人性命，法律用楼上邻居“连坐”呼唤良知

2017 年 10 月的一天，对于许多人来说都已经淡忘了。但是，卜先生一家终生难忘。

那天早上，卜先生的父亲，60 多岁的卜老先生骑着电动车路过某市某公馆单元楼下人行道，忽然天降横祸，一块砖头从空中落下，击中卜老先生的头部，顿时血流如注，当场身亡。

事发之后，卜先生的家人难以接受这样的事实，在悲痛之余，将小区的开发商、物业管理公司和除一层之外的、房屋窗户面向楼下人行道的所有住户都告上法庭，要求这些被告进行赔偿。

2017 年 12 月 29 日，当地法院作出了一审判决，支持了卜先生的主张，要求 81 户住户承担 70% 的责任，每户支付补偿金 4395 元。物业公司承担 30% 责任，开发商不担责。可是，针对法院的此项判决，有超过半数的住户提出上诉，觉得自己被冤枉了。

此案终审维持原判。但是，卜先生获得赔偿款的过程并不顺利。

无独有偶，18 年前，重庆的郝先生被从空而降的重达三斤的烟灰缸砸中，至今伴有后遗症，家庭和工作都遭受严重影响。而法院判决楼上 22 户居民赔偿共计 17 万多元的补偿金，如今只收到一半左右，很多人至今未付。

法律适用

被判赔偿的邻居们觉得让自己掏钱不公平，但是，什么是公平呢？

因为重力加速度的原因，一个啤酒瓶盖自 10 米高空落下时，其冲击力达到 15 千克，足够砸坏汽车玻璃，更何况人的脑袋。

日常生活中，我们常见随手丢弃垃圾到楼下的情况，但是，绝大多数人却视而不见，觉得跟自己没有关系。殊不知，高层集合式建筑的特点，在没有监控探头的情况下，很难准确判断谁是罪魁祸首。

在这种责任人不确定的情况下，如果按照“谁侵权，谁赔偿”的模式来判决的话，对于受害人的救济和补偿在法律上就无从谈起，受害人的公平又在哪里呢？

基于以上考虑，《侵权责任法》第八十七条规定，从建筑物中抛掷物品或者从建筑物上坠落的物品造成他人损害，难以确定具体侵权人的，除能够证明自己不是侵权人的外，由可能加害的建筑物使用人给予补偿。

上述卜先生家的案子就是适用该条款内容进行判决的。重庆郝先生案发生于《侵权责任法》颁布实施之前，因此，当时法律适用《民法通则》的公平原则判决楼上邻居共同承担侵权责任。

律师讲解

我们都知道民法里“谁主张，谁举证”的原则。但是，在此类案件中，对于无辜的受害人来说，举证证明谁是加害人实在是太难了，基本上就是完全不可能的事情。而如果因此就驳回受害人的索赔要求，就完全有失公平了，既无法保障公民的合法人身安全权利，也不利于建立良好的社会行为规范，创建安全的社会环境。

因此，前述第八十七条并没有采用“过错推定原则”，没有要求加害人的行为一定要对损害结果具有过失或过错，而是采用一种“因果关系推定”，被指控为加害人的被告，只要能证明自己和高空坠物，以及损害结果之间没有因果关系，就可免责。

但是，在现实中，就像受害人搞不清楚到底谁才是那个扔东西的人一样，被告也无法证明自己跟坠物和损害之间没有关系。

将所有具备嫌疑的建筑物使用人都列为被告，显然减轻了受害人的举证责任，可以更好地在司法实践中，体现侵权责任的承担原则。

另外，在具体加害人不明的情况下，最终被判承担责任的被告，所承担的并非赔偿，而是补偿。这更体现了《民法通则》中的公平原则，和社会成员间的相互救助。这种补偿不是为了完全弥补受害人的损失，而是为了给予安慰，体现社会的温情。

虽然我们的生活中处处都暗含风险，但是，有些风险是应当自我感知的，也是可以通过自身的安全防范予以避免的，不是高度危险。而像高空坠物这样的危险，却是一个正常人无法通过合理判断，能够事先预知的，更无法给予提前预防。

因此，将高空坠物导致的损害，由有可能导致损害发生的所有人承担责任，不仅符合法律规定，也是告慰受害人，警示全体社会成员的方式。只有让随手高空抛物的人，处于大家警惕和监督之下，才是最终防止此类悲剧重演的有效方法。

《民法典》相关规定的释义

《侵权责任法》第八十七条实施以来，对于无辜被判补偿的邻居来说，心理上难以接受。但是，同时，这样的规定对于受害人来说是公平的，也是对高空抛物行为进行有效打击的一种方式。

但是，为了让公平原则更加深入人心，2021年1月1日起实施的《民法典》对于高空抛物的责任追究进行调整，该法第一千二百五十四条第一款保留了原来的规定，但是增加了第三款，即，公安等机关应当依法及时调查，查清责任人。

增加这个第三款规定意味着，今后发生高空抛物情况时，受害人或者相关方有权向公安机关等有能力和权力进行侦查调查的机构提出申请，由这些机构协助调查，以确定责任人。

这样的规定和操作方式将有效地帮助受害人找到真正的责任人，减少所有高层无辜邻居受连累的情况。可以说，《民法典》的这一调整比原来的规定更加人性化，也更加公平合理。

二、人狗大战，到底谁该为伤害买单？

广东的郑女士怀孕五个月了。一天傍晚，她和爱人一起到小区门口的小广场散步，当时，天刚刚黑下来，路灯还不是太明亮。郑女士觉得口渴，于是她爱人就去马路对面的小超市，为她买饮料。

这个时候，不知从哪里冲过来一只体形类似金毛的大狗，这只狗不仅冲着郑女士大声叫唤，而且抬起两只前腿扑过来。郑女士猝不及防，连连后退，一屁股坐在地上，大狗却始终往前凑，叫声不断。

听到妻子的尖叫声，郑女士的丈夫跑过来，把手里的两瓶饮料扔向大狗，其中一瓶击中狗的额头，大狗开始把注意力转向了郑女士的爱人。

就在这紧张的时刻，一个穿着拖鞋的邋遢的中年男人走过来，呵斥住狗，然后，质问郑女士的爱人为什么打他的狗。

郑女士的爱人顾不上搭理他，因为郑女士腹痛难忍，裤子已经渗出鲜血。他们伸手拦截路上的出租车，要去医院。

“站住，打完我的狗，还想逃跑？”中年男人却不依不饶，抓住郑女士爱人的胳膊不让离开。

“你放手，放不放，小心我揍你！”郑女士的爱人不甘示弱，冲着中年男人大吼。

“不放，有种你打我啊！”中年男人蛮横地回答。

于是，他的脸上挨了一拳，鼻子被打破，跌倒在地。

“打人啦，报警啊！”中年男人一边在地上打滚，一边大叫。

警察很快来了，先是让郑女士和爱人去医院急诊看病，然后把中年男人带到派出所。

事后，郑女士因为先兆流产，被医院留观，一直卧床休养。而中年男人决口不提狗侵扰郑女士的事实，只是以自己被打伤为由，要求郑女士和爱人赔偿他医药费 500 元。

法律适用

本案中，涉及两个法律问题，一个是中年男人的狗对郑女士造成的伤害，他作为狗的主人，应该承担怎样的法律责任。另外一个是郑女士的爱人打破了中年男人的鼻子，是否应当承担法律责任。

根据《民法总则》和《侵权责任法》的规定，饲养动物造成的侵权责任的归责原则是无过错原则，除非存在免责或减轻责任的法律事由。

无过错原则是指只要被饲养的动物造成他人伤害，无论饲养人是否存在过错，均应当承担侵权责任。

但是，如果被侵权人自身存在过错，那么，饲养人可以减轻或免除责任。

郑女士的爱人在情急之下，打破了中年男人的鼻子，的确给中年男人造成人身伤害，这是客观事实。根据《侵权责任法》第七条的规定，行为人造成他人民事权益受到损害的，不论有无过错，均应当承担责任。

但是，该法第二十六条规定：被侵权人对损害的发生也有过错的，可以减轻侵权人的责任。第二十七条规定：损害是因受害人故意造成的，行为人不承担责任。

基于以上的法律规定，警方做出如下的处理意见：

中年男人没有按照当地养犬规定饲养、管理犬只，造成郑女士先兆流产，受到人身伤害，因此，中年男人应当承担相应的侵权责任，负担郑女士住院和休养期间的所有医药费和营养费。

中年男人饲养的犬品种是当地法律禁止的大型犬，限期自行处理，逾期将由有关部门代为处理。同时对中年男人处以罚款。

郑女士的爱人打破中年男人的鼻子，是侵权行为，但是，鉴于当时郑女士处于紧急状态下，且该状态是中年男人的狗导致的，所以，郑女士的爱人无须向中年男人承担任何侵权责任。警方只是口头对郑女士爱人进行了批评，要求他以后遇事不要冲动，不可再动手打人。

律师讲解

警方的处理意见还是非常中肯的，如果双方没有异议，签署一个和解协议，此事就算了结了。但是，如果有任何一方觉得不公平，那么，均可向法院提出民事侵权损害赔偿的诉讼。

本案中，双方的纠纷属于民事侵权纠纷，除非中年男人去做伤情鉴定，证明达到轻伤，才有可能追究郑女士爱人的刑事责任。不过，仅仅是鼻子出血了，远远构不成轻伤程度，在民事领域解决就可以了。

违规养犬的处罚是警方有权做出和具体执行的，不属于民事侵权纠纷的范围。

我国的法律中，将动物饲养人的侵权责任的归责原则是无过错原则，是为了最大程度保护受到动物侵害的受害人的权益，避免他们因为举证困难而无法得到赔偿，同时，也是为了增加饲养人的责任感，促使他们对自己饲养的动物进行谨慎管理和注意。

不过，在无过错原则之外，《侵权责任法》还是给饲养人设置了减轻和免除责任的规定，以维护法律的公平。

即，根据该法第七十八条规定：饲养的动物造成他人损害的，动物饲养人或者管理人应当承担侵权责任，但能够证明损害是因被侵权人故意或者重大过失造成的，可以不承担或者减轻责任。

《侵权责任法》第八十三条规定：因第三人的过错致使动物造成他人损害的，被侵权人可以向动物饲养人或者管理人请求赔偿，也可以向第三人请求赔偿。动物饲养人或者管理人赔偿后，有权向第三人追偿。

因此，如果动物造成的伤害是由受害人或第三人的过错行为导致的，那么，动物饲养人可以减轻或免除责任。当然，在这个过程中，饲养人必须提供具备说服力的合法证据，以证明受害人或第三人的过错。

《民法典》相关规定的释义

对于饲养动物造成他人损害的责任，《民法典》基本沿袭了原来《侵权责任法》的内容，没有做大的调整。

唯一的改动是《民法典》第一千二百四十六条，增加了能够证明被侵权人故意造成损害的，动物饲养或管理人可以减轻责任。

在这条规定中，被侵权人不再是绝对的无过错责任，而是在被侵权人有故意行为时，减轻责任。这样的规定也是增强了行为人权利义务对等的要求，倡导对自己行为负责的社会管理理念。

这里需要注意一点，饲养人要证明受害人或第三人有过错，因为动物饲养人的归责原则是无过错原则，所以，必须证明他人有过错，而非自己无过错。

三、朋友把我的车借走了，出了车祸，我该怎么办？

梅澜在北京工作多年，但是一直没有买车。等意识到应该有辆车代步的时候，北京的小汽车已开始摇号。参与了多轮摇号，梅澜都没有成功，现在还在努力中。

同事张小立的家人很早就用他的名字买了车，可是他家离单位很近，基本不用车。

于是，去年春节前，梅澜的父母来看望他的时候，梅澜向张小立提出借车的请求。

“你的车很少用，能不能借我用一段时间？我想带着我父母四处转转。”梅澜说。

“可以的，反正我用不着，还得每礼拜特意开出去遛遛，要不机器都生锈了。”张小立答应得挺痛快。

“你放心，我有驾照，在老家是个老司机了，加油费、保险费和维修费都我负责。”梅澜早已经想周全了。

因为是同事，张小立不好意思收取借车费用，梅澜也觉得给钱显得太生分，“等以后有机会，再还他这份人情。”梅澜想。

于是，春节期间，梅澜就开着张小立的车，带着父母在北京和周边的景点游览。假期的北京路况很好，一路畅通，一家人玩得很开心。

初十那天，父母准备回老家的前夕，梅澜带着老人到西单采买一些北京特产和礼物。当车子开到一个胡同口的时候，斜刺里冲过来一辆外卖电动车，等梅澜发现他的时候，踩刹车已经来不及了，只听得一声刺耳的撞击声，电动车结结实实地撞上了汽车的右前方，骑手倒地不起，运送的外卖餐盒散落一地。

交警来到现场，认定梅澜承担事故的主要责任，因为根据《道路交通安全法》的有关规定，这是一个平行交叉路口，没有摄像头，也没有红绿灯，所以，机动车在经过时应当减速避让行人和非机动车。而外卖员骑行的是脚踏轻型助力自行车，属于非机动车。

在事情处理的过程中，警察得知梅澜是借用同事的车后，就让他拨打保险公司和张小立的电话，本来想自己解决问题的梅澜不得不把张小立扯进来。

果然，等到正式上班的时候，张小立向梅澜表达了不满，他是真心疼自己的车，被撞得凹进去一大块。虽然梅澜一直在说抱歉，但是听到张小立的抱怨之后，他也开始烦躁起来。

如何妥善解决此事，让两个人都感到有点麻烦。

法律适用

本案中，张小立是车辆所有人，车子出借后，梅澜就是车辆的使用和管理人。出现交通事故的时候，梅澜是肇事司机。事故经过交通队的处理，认定责任书中会写明肇事司机的责任，因此，毫无疑问，梅澜在事故中应当承担的责任就清楚了。

张小立购买了第三者责任强制险，因此，外卖员的损害赔偿如果在保险保额范围内，就由保险公司负责承担了。超过部分，由梅澜支付。

另外，依据《侵权责任法》和最高院《关于审理道路交通事故损害赔偿案件适用法律若干问题的解释》等规定，因为张小立借车给梅澜，仅仅是好心，其中不牵扯任何经济利益或费用。而且梅澜也没有醉酒、吸毒、身体不适或无驾照等不应当驾驶车辆的情况，那么，只要梅澜认真全面履行和对方的和解协议，张小立就不用担心会有什么麻烦。不过，他要负责和保险公司联系，把车修理一下。

由于外卖员着急上班，所以，他和梅澜在交通队达成了伤害赔偿和解协议，总额超过保险公司保额不太多，梅澜当场就支付了。此事算是画上了句号。

可是，张小立在修理厂的时候，保险公司却告诉他因为出了较大的交通事故，他第二年的车险的保费将不能享受优惠价格了，要按原价投保。

这是张小立始料未及的损失，他觉得梅澜应该负责承担这笔钱。梅澜并没有反对，很痛快地补偿了差价，只是原本关系不错的同事，现在相处起来，总有点别扭。

律师讲解

虽然张小立和梅澜之间的车辆借用发生车祸的事情，比较圆满地解决了。但是，经过此事，张小立再也不会把车借给他人了。这并非他自私，而是此事令他有些后怕，如果出现其他情况，可能就是他无法摆脱的噩梦了。

梅澜和张小立是同事，而且赔偿金额不高，除了保险公司承担部分，梅澜自己负担的比例并不高，因此，他比较痛快地支付了。

但是，如果梅澜无力或不愿支付超出部分的费用呢？一旦出现纠纷，交通队或法院首先扣押的就是张小立的车。因为这辆车子是肇事车辆，所以在法律程序中，扣押肇事车辆以查明事实，或督促肇事者履行法定义务，都是正当的措施。

纵使张小立觉得冤枉，也无可奈何，唯一的办法就是到有关部门反映情况，并督促梅澜付钱。或者自己先付钱给对方，把车子解封，然后再追索梅澜。

如果张小立在出借车子的时候，存在对朋友情况考察的疏漏之处，比如，他有醉酒、吸毒或身体不适，不适合开车，或者他没有驾驶证，属于无照驾驶等情况，那么，他驾车发生交通事故，张小立就要和他承担连带责任。即，如果他不履行赔偿责任，那么，对方是可以找张小立代为赔偿的。

张小立作为车主，如果车子无偿出借，那么，一定要保证车子的性能、手续和年检等完备齐全。如果这些方面存在问题，那么，一旦出现事故，车主的责任首当其冲。

而如果出借人和借用人之间存在有偿使用或雇佣关系，那么，作为出借方的车主与驾驶人之间存在连带责任，出现事故后，受害人既可以找驾驶人索赔，也可以找车主索赔。

法律这样规定，其实是有其道理的，即，汽车是高风险物，如果任由他人驾驶，而不负法律责任，那么，将给公共安全带来很多隐患。因此，法律这样的规定，是约束车主要对自己车辆的使用具备高度关注和注意，不能放任他人随意驾驶车辆，严格管理雇员使用和驾驶车辆的行为，履行合理注意义务和监管责任，从而从源头上减少和避免交通事故的发生。

通过以上分析，我们还是建议，若非特别熟悉和信赖的关系，就不要把自己的车子借给他人使用了。而对于张口借车的朋友，最好不要给他人添麻烦，要用车，就自己租吧，责任分明，免得麻烦，伤了感情。

《民法典》相关规定的释义

我国即将实施的《民法典》把“机动车交通事故责任”列在第七编“侵权责任”中，内容和原来的《侵权责任法》相同，未做修改。

有关此案的法律规定参见《民法典》第一千二百零九条。

四、小区地面车位被装地锁，他们有权这么做吗？

郭强居住的小区位于北京市某城区，八栋塔楼围合，自成一体。因为建造的时间比较早，所以小区只有地下一层能停车，越来越多的车辆只能停在地面上。后来，连地面停车位都占满了，业主们只能在小区周边自己找地方停车，被警察贴条罚款是家常便饭。

2012 年开始，郭强发现小区里有人开始给地面车位加装地锁，经常有空车位因为地锁而无法停车。“这些车位都是谁的？为什么装了地锁，却不停车？他们有权利这么做吗？”像郭强这样经常没地方停车的业主们发出了质疑。

物业公司根本不理睬他们的疑问，直到某一天，一个人忘记把地锁支起来，另外一个业主把车停进去了，结果两个人发生了争吵，乃至拔刀相向，招来了警察，大家才重视这个问题。因为小区没有成立业委会，所以，街道办事处出面，把物业公司、肇事的两个业主和其他业主代表召集起来，一起解决车位问题。

会议的主要议题包括两个内容：第一，小区地面车位到底归谁所有？第二，物业公司是否有权将这些车位出租给个人加装地锁、独占使用？

法律适用

《中华人民共和国物权法》第七十四条规定，建筑区划内，规划用于停放汽车的车位、车库应当首先满足业主的需要。建筑区划内，规划用于停放汽车的车位、车库的归属，由当事人通过出售、附赠或者出租等方式约定。占用业主共有的道路或者其他场地用于停放汽车的车位，属于业主共有。

根据这条规定，规划区内本来用于停放汽车的车位和车库，通过开发商和业主共同协商约定来确定其归属。比如，像郭强家小区的地下车位，规划原本就是停车，因此，当初买房时，开发商和业主就签署了“车位买卖合同”，将一部分出售给业主。后来，在入住后，剩余的车位交给物业公司，由物业公司统一出租给业主了，也是可以的。

而地面车位的情况比较复杂，经过街道办事处和业主代表的询问，物业公司承认，小区内地面车位的一部分是原来规划中的车位，也没有公摊到购房合同中的公摊面积里。因此，交房后，开发商将这部分车位统一移交物业公司使用管理，所产生的收益均归物业公司，开发商不收取任何费用。

这部分车位位于小区东南角的灌木绿化带旁边，占地面车位总数的三分之二。物业公司已经就这部分车位的租赁和相关业主签署了租赁合同，所获得的租金计入物业公司的业务收入。

其他三分之一的地面车位是开发商在竣工验收后，业主入住前，临时利用小区原有公共道路改建的，虽然划了停车位，但是，并非规划中的车位，也没有得到交通管理部门的验收批准。

因此，根据《物权法》第七十三条“建筑区划内的道路，属于业主共有”和第七十四条“占用业主共有的道路或者其他场地用于停放汽车的车位，属于业主共有”，郭强居住的小区内占用公共道路设立的车位，属于全体业主共有。

在这部分车位上加装地锁是不合法的，业主应当拆除。但是，如果业主不拆除，谁有权进行督促和处罚呢？目前来看，相关程序还是有点复杂。

律师讲解

根据《物权法》第七十四条的规定，规划区内作为停车使用的车位，是按照约定来确定归属的。即，法律允许开发商、物业公司和业主之间就车位的权利归属进行协商约定，并非简单归为业主共有。但是，前提是业主优先，以保障小区业主的停车便利，减少社会矛盾。

本案中，地下车位和规划区内的车位均通过开发商、物业公司和业主签署书面买卖或租赁合同的方式进行了约定，其所有权、使用权的归属清晰。在租赁合同签署之后，规划区内车位的使用权就归为签约业主所有，他们在该车位范围内加装地锁，并未违反法律法规的规定，民法中有“法无禁止皆可为”的原则，因此，针对这部分业主加装地锁的行为，无论是物业公司，还是其他业主都无法向其主张权利。

但是，如果当初在租赁合同中有约定，禁止业主加装地锁，或者禁止其破坏车位地面结构，则物业公司可以此为依据，要求业主拆除地锁，恢复原状。这也许是物业公司可以利用的有力武器，来制止私装地锁。对此，在今后续签租赁合同时，可以考虑增加这样的条款。

开发商利用小区公共道路设立的车位是属于全体业主共有的，其产生的收益也应当归于全体业主所有。既然是全体业主所有，那么，即便是租赁该车位的业主也无权擅自破坏车位地面，他们有义务拆除地锁，恢复原状。

本案的难点还在于，小区没有成立业委会，也没有业主大会，公共道路车位自入住时就存在，大家习以为常，也的确解决了部分业主的停车难题。

因此，如果追究开发商和物业公司违规，停止使用公共道路停车位，恢复规划用途，则必将阻力重重，引发小区内业主之间的矛盾。而如果维持现状，那么谁来监督公共道路车位的租赁使用情况和租金收入情况呢？

法律上，开发商和物业公司占有公共道路作为车位，没有向业主进行说明，是侵犯了业主的知情权。同时，物业公司将公共道路车位租金据为己有，没有向业主公开账目，也是侵犯了业主们的合法知情权和财产权。物业公司疏于管理，允许部分业主在公共道路车位上加装地锁，对小区公共道路造成破坏，物业公司和这部分业主共同侵害全体业主的财产权——原因在于小区公共道路的损害需要使用物业公司用小区物业管理费来进行修复，是全体业主共担费用的。

律师认为本案比较理想和具备操作性的解决方案是：

由街道办事处敦促物业公司发出公告，将占有公共道路作为车位的情况告知全体业主。

该公告中必须列明这些年来的公共道路车位的租金收支情

况，让全体业主监督。

物业公司完善规划区内车位租赁合同，并明确告知公共道路车位业主，禁止安装地锁，明确违约责任。

改善小区停车秩序，实行错峰停车制度，拆除地锁后，为限行停驶车辆解决白天的停车问题，缓解小区业主的停车难问题，缓和停车矛盾。

《民法典》相关规定的释义

《民法典》第二百七十五和二百七十六条的内容和上述《物权法》第七十四条内容一致，但是，《民法典》这两条内容的前后顺序和《物权法》第七十四条不同。即，《民法典》第二百七十五条中首先规定规划拥有停车的车位和车库的归属，由当事人通过出售、附赠或出租等方式约定。

第二百七十六条中规定“业主优先”原则。

而《物权法》第七十四条将“业主优先”的规定作为第一款，并未单独列出条目。

《民法典》将“业主优先”原则单独列条，体现着对业主使用规划区内车位和车库权利的保护力度提高了。

五、一支香烟引发的命案

几年前，河南一小区发生一起老人意外死亡事件。

一位 60 多岁的老人在搭乘小区电梯的时候抽烟，同一部电梯里的邻居进行劝阻时，双方发生激烈争吵。结果，老人心脏病发作，不治而亡。

失去亲人的老人家属始终难以平复心情，随即到法院提出诉讼，要求邻居赔偿 40 万元。结果法院一审只支持了 15000 元赔偿。原被告双方都对此判决不满，一起上诉到了中级人民法院。

舆论对一审判决也充满争论，很多人认为 15000 元的赔偿都不应该给。大家担心，照此下去，以后谁还会出面维持公共秩序呢？

最后，二审法院一锤定音，本案中的邻居对于老人的死不承担责任，无须给予任何赔偿。这下大家放心了，舆论也平息了。

法律适用

根据《侵权责任法》第六条的规定，行为人因过错侵害他人民事权益，应当承担侵权责任。

因此，通常情况下，实施了侵权行为就要对损害后果承担侵权责任。鉴于此，一般侵权责任构成的要件是四个：

违法行为；损害事实；因果关系；主观过错。

这四个要件缺一不可，否则就不能认定侵权损害赔偿的民事责任。本案二审法院在认定邻居是否应当承担侵权责任的过程中，就是适用了这些相关规定和基本法律原则。

即，虽然老人去世，损害后果发生了，但是，邻居的劝阻行为并非违反行为，他也不知道老人有心脏病，其行为和老人死亡之间不存在因果关系。也就构不成侵权责任。

可是，一审法院却判决邻居支付15000元，难道是一审法院徇私枉法了吗？

律师讲解

既然二审法院认定邻居无过错，无须担责，那么是否意味着一审法院的判决错了呢？其实不然。

一审法院判决邻居给付老人家属的15000元并非赔偿款，而是补偿款。其法律依据是，《侵权行为法》第二十四条规定：受害人和行为人对损害的发生都没有过错的，可以根据实际情况，由双方分担损失。

另外，《民法总则》里面有关公平原则的内容，也给一审法院提供了依据。如果让邻居补偿一点儿费用，安抚家属的情绪，那么，似乎也并无不妥，符合中国人传统的“死者为大”的理念。

但是，一审判决公布后，舆论的强烈反应显示了当下民众对于社会规则的尊重，以及对破坏规则行为的反感和鄙视。

而法律不仅仅是社会经验的总结，还应该是社会进步的推动力量，既然民间舆论有如此大的反响，那么，如果法律还停留在过去的经验主义，不对这种新的守法遵法声音做出回应，则有可能损害法律的权威，导致更大的社会分歧。

二审法院的可取之处在于，他们没有适用《民法通则》中的“公平原则”来“各打五十大板”，而是旗帜鲜明地表明了态度：

在这个事件中，老人在电梯里抽烟，违反公共秩序和消防规范，错在先。

邻居劝阻老人不要在电梯里吸烟，其实是在履行其作为一个公民的责任和义务。因为香烟的细小火花，在电梯高速运行过程中，可能引发火灾。上海曾经发生过因为电梯内吸烟而导致的火灾，吸烟者最后被拘留。

老人心脏病发作和邻居劝阻之间，没有因果关系。邻居不知道老人有心脏病，也完全没有想到他会如此激动，以至于诱发旧疾。因此，邻居的行为和老人的死亡之间并不存在因果关系，他也就没有法律上的侵权责任。

法律的判决不仅具备法律依据，而且用事实来说话，倡导成年人为自己行为负责的理念，即，老人自知自己心脏不好，不仅不戒烟保养身体，而且还对邻居的劝阻暴跳如雷，任由情绪激化。在导致悲剧发生的过程中，老人自己其实要负更大责任，而非好心且对病情毫不知情的邻居。

在当今社会上普遍存在的“事不关己，高高挂起”的情形下，邻居的行为是一种应当鼓励的公民责任感。如果为了平息老人家属的心情，而用法律手段迫使邻居承担一部分费用，那么，今天貌似公平的判决，其实对于今后整个社会秩序和风气的改善都会产生负面影响。这才是我们所有人都不愿看到的不公平。

《民法典》相关规定的释义

对于侵权责任的归责原则，《民法典》未做修改，和本案有关的法律规定，也没有任何变化。

这意味着，即便本案发生是《民法典》实施之后，法官所引用的法律规定的名称虽然变了，但是具体内容还是一样的，对结果不会有任何影响。

六、锤伤小学生事件中，学校是否有过错？

2019 年新年伊始，北京某知名小学发生了一起震惊全国的伤害事件。

一名被学校辞退的维修工因心怀不满，借到学校办理离职手续的机会，将正在上体育课的几十名孩子作为宣泄的对象，举起早已经准备好的锤子，砸向毫无防备的小学生。经过体育老师和其他员工的制止，凶手被当场抓获，可还是有十几个孩子血流如注，伤势严重，被送往医院救治。

此事在当时引起轩然大波，因为事发地点是校园内，行凶者曾经是校内员工，这就让大家觉得伤害防不胜防，一种无力感在蔓延。同时，针对学校的追责拷问也一直在继续，大家觉得凶手罪大恶极，而学校在此件事情中是否也有过错呢？如果有，又该承担怎样的责任呢？

法律适用

在追责凶手和学校的时候，适用不同的法律规范。我们先来说说凶手的责任。

凶手是成年人，因为个人际遇不良，而迁怒于无辜的孩子们，所以，他的行为属于故意杀人罪，且情节严重，检察院已经正式批捕，等待他的将是法律的严惩。

受伤孩子的救治费用暂由社保和政府紧急资金支付，但是事后，家长们可以作为孩子们的代理人，向被告提起民事赔偿诉讼，要求凶手承担民事赔偿责任。

这是法律赋予受害人的权利，是否行使，家长们可以自行决定。这不属于国家强制力介入的领域。

本案中学校是否承担责任，和承担怎样的责任，需要适用《侵权责任法》来进行分析。

该法第四十条规定：无民事行为能力人或者限制民事行为能力人在幼儿园、学校或者其他教育机构学习、生活期间，受到幼儿园、学校或者其他教育机构以外的人员人身损害的，由侵权人承担侵权责任；幼儿园、学校或者其他教育机构未尽到管理职责的，承担相应的补充责任。

很明显，根据该法第四十条规定，当未成年人（无民事行为能力人和限制行为能力人）在学校遭受到学校以外的人员的人身损害时，首先要求侵害人承担责任。学校、幼儿园和其他教育机构承担的是未尽管理职责的补充责任。

因此，在学校等教育机构承担责任之前，必须要做的事情就是证明自己已经尽到管理职责，这个举证的义务是学校等教育机构来承担，这无疑是对它们的压力，促使其加强管理，认真履行职责，同时，也是保护受害人一方，避免他们在遭受损害后，因为举证不能而导致无法主张权利，获得赔偿。

律师讲解

此类事件虽然事发突然，我们根本无从预料和防备，但是，校园安全的防范设计本身就是为了应对突发事件的，因此，通过此事，我们还是能够发现在当前校园安全体系的建设中存在漏洞和不足。

本次的行凶者，是学校聘用的劳务派遣人员，他拥有随意进出学校的权限。但是，在学校已经解聘他之后，他仍然可以进入学校，而没有受到任何盘查，没人发现他随身携带的锤子。这不得不说是学校管理的疏漏。

由于公司解约，被离职员工恶意实施破坏公司数据、设施、财产等损害公司利益的行为并不是什么新鲜事。所以，为了防控离职员工发泄不满，对公司财务造成伤害，在如今各企业常规的解约流程中，都将离职员工作为特殊人群对待的。特别是一些互联网公司、科技公司等，为了保护自身的知识产权和核心商业机密，他们都是在员工不知情的情况下，就封锁了所有数据和信息访问权限，解约谈话之后，要求员工立即离开公司，不允许其再接触公司的重要设备设施。说起来虽然显得有点不近人情，但是，从中我们可以看到在公司管理中，管理者是将人员管理和公司安全统筹考虑的，并没有割裂各个部门，各行其是。

因此，从中我们可以发现学校在日常人事和安全管理方面存在不严谨和不专业的情况，学生们的安全不是仅仅局限于现有的学生之间冲突的范畴，而且还应当兼顾学校整体管理工作，将学校人员管理、教学管理和安全管理纳入一个有机结合的整体。

同时，学生们的安全不仅和我们平时可以看见的冲突、打架、闹矛盾有关，而且还和教职员工的情绪和心理健康有关，对此，学校应当比企业公司更关注这一点，毕竟学校是肩负学生在校安全的第一责任方。

如果学校对待本次事件的凶手，能够像那些互联网公司对待解约员工似的，一经被解约就无权再进入学校，更无法手持凶器接近孩子，那么，此事就不会发生了。

综合这些分析，学校在本次伤害事件中也负有管理疏漏之责，应当承担补充责任。

《民法典》相关规定的释义

《民法典》第一千二百零一条和《侵权责任法》第四十条基本一致，但是，增加了“幼儿园、学校或其他教育机构承担补充责任后，可以向第三人追偿”的规定。

《民法典》第一千一百七十六条新增的内容值得关注，即，自担风险的规定。

自愿参加具有一定风险的文体活动，因其他参加者的行为受到损害的，受害人不得请求其他参加者承担侵权责任。但是，其他参加者对损失的发生有故意或重大过失的除外。活动组织者的责任适用本法第一千一百九十八条至一千二百零一条的规定。

本条内容的前半部分，是加强了参与活动者的自我责任意识，保护在合理合法的范围内开展活动的正当权益，减少和杜绝强词夺理的滥诉，促进社会丰富多彩的文体活动的发展。

本条后半部分说明活动组织者的归责原则以过错责任为原则，这对于大多数活动组织者来说，也是有力的法律保护。

新增加的规定充分体现了《民法典》中倡导的意识自治、责任自担、民事主体平等保护的基本理念，从法律规定和制度建设层面，建设和杜绝损害发生之后的无理“甩锅”和滥诉。

七、房屋里的隐蔽工程频繁出事故，该谁负责？

李辉要和女友张丽结婚了，本来甜蜜的事情，却因为婚房而平添了烦恼。张丽的娘家坚持要求李辉必须在结婚前把婚房的事情落实了。否则，婚事免谈。

可是，房价飙涨，李辉把父母在老家的老房子卖掉之后，仅仅凑够了一个首付。攥着为数不多的几十万元，经多番考察，李辉看中了位于五环边上的一个普通住宅小区。本来想带女友来实地考察一下再决定，可是，售楼处里人头攒动，很多客户都在埋头签约，好像不要钱似的。

于是，李辉也在销售员的催促下，当天签约了。签完约的李辉松了一口气，感觉幸福生活马上就要到来了。

小两口入住之后，却发现房子远不像宣传的那样，许多不起眼的小地方频频出现问题，让李辉和张丽不胜其烦。比如：

厨房里面的上下水管总是爆裂，厨房被水淹过好几次。刚开始找物业公司维修，还比较顺利。连续两次之后，物业公司的人也不积极了，推三阻四的，让他们非常烦恼。

买房的时候，李辉只是看了户型图和平面图，现在入住之后才注意到自己家卧室的窗户，和邻居家的窗户距离不到一米，不仅对视明显，而且正面相对，给生活和隐私带来诸多不便。

李辉家卧室的位置和电梯井只有一墙之隔，白天还好说，晚上的时候，电梯运行的声音显得很大，让小两口的睡眠都受到影响，张丽甚至觉得自己得了神经衰弱，很困，可是就是睡不着。直到夜深人静，电梯完全停运后，才能入睡。

因为这些小问题持续不断，解决起来又很麻烦，所以，李辉和张丽不知该怎么办。每当张丽睡不好觉的时候，就会埋怨李辉当初签约时太草率了。

“你怎么也不好好考虑考虑，什么样的房子都买啊？”

“老婆，我要是不签约，这套房子立马就是别人的了，签合同的工夫，单价又涨了好几百。”李辉诉苦。

难道就真的没办法帮助这对年轻人解除烦恼吗？

法律适用

业主入住时，都会签署《质量保证书》，里面对开发商和物业公司的维修责任和义务进行了明确约定，其中隐蔽水管的开发商保修期限通常是五年，自房屋竣工验收合格之日起计算。

因此，如果李辉的房子在这五年间出现水管爆裂情况，那么，开发商应当承担保修责任，不得收费。

对于电梯噪声和窗户对视问题，则比较复杂了。因为这两个问题都和房屋的建筑结构有关，建设部《住宅设计规范》中，对于住宅建筑形式必须遵守的技术规范和要求进行了详细专业的规定，开发建设单位在图纸设计和实际施工过程中，应当遵照执行。

因此，如果李辉和张丽觉得电梯和窗户的设计不合理，给他们的生活带来不便和困扰，那么，他们可以依据和开发商签署的买卖合同，以及建设部的有关规定，向开发商提出主张，如果有证据证明开发商当初在建设房屋时，没有严格遵循建设设计规范的技术要求和参数，导致出现现在的问题，那么，开发商是应当给予李辉和张丽补偿的。

即便开发商已经获得了竣工验收合格证，李辉也有权提出这样的要求，因为竣工验收是认可建筑物的整体质量，并没有每一户都检查了。就像有些产品的“漏检率”一样，汽车取得合格证出厂了，但是使用过程中也可能会出现一些质量问题，此时，消费者仍然有权提出产品质量责任的索赔，并不因汽车具备出厂合格证而丧失此权利。

律师讲解

在房价高企之前，购房者还能对房屋的质量、绿化、小区配套设施等提出合理建议，督促开发商改进工作和提高质量。而近些年，卖方市场火暴导致房屋质量缺少管理，这不仅给消费者带来损失，也是对整个行业的伤害。

房屋是大宗耐用消费品，一旦买房入住，就意味着未来几十年的生活也被定型了。房屋质量和物业管理直接影响生活品质。

李辉和张丽遇到的问题非常典型，在签约买房的时候很容易被忽略，特别是在销售员催促下，根本来不及想这些细节。但是，毕竟动辄几百万的房子凝聚着几代人的血汗钱，还是需要对隐蔽工程多留意一些：

尽量不买期房，如果要买，最好买那些主体结构已经完工的项目，最起码房间的模样出来了，就不会出现李辉入住之后，才发现窗户对视的情况。

签约的时候，关注合同中的装修材料品牌、规格、电梯型号等内容，以明确开发商实力和质量。

签约的时候，关注开发商选择的施工单位的品牌和业绩，通常情形下，大型建筑公司的施工质量控制都比较好，监理公司也较规范，可以保证项目不会出现严重的质量问题。

针对李辉和张丽遇到的问题，法律上采取措施的思路可以是这样的：

水管有明确的保修期，因此，如果水管爆裂发生在保修期内，那么，开发商进行维修是责无旁贷的。同时，李辉和张丽还有因为水管爆裂造成损失，向开发商索赔的权利。

如果水管爆裂发生在保修期之后，那么，除非能证明李辉和张丽对于爆裂存在过错，否则，可以依据《产品质量法》来追究开发商的产品质量责任。在这一点上，很多人将产品质量责任和保修维修责任混淆了，以为出了保修期，就无法追究开发商责任了。其实不然。

因为隐蔽工程里面的水管管线的使用寿命通常是20年，所以，如果入住几年之后，频频出现爆裂，则显示水管质量存在严重问题。此时，开发商应当承担相应产品质量责任，而非仅仅是保修责任，或者维修责任。

电梯噪声和窗户对视问题，是否能够追究开发商的责任，李辉和张丽需要提供证据证明开发商违反了建筑设计规范，提供了不符合技术要求的产品，同时给他们造成损害。这时，可以依据

《住宅设计规范》《产品质量法》和《民法总则》中的有关规定，向开发商提出健康权损害赔偿要求，依法保护自己的合法权利。

《民法典》相关规定的释义

《民法典》第七编第四章“产品责任”，针对产品质量责任做了原则性规定。法律位阶是比较高的，这也是以前没有过的。

但是，根据“特别法优于普通法”的原则，针对案件的具体细节，如果《产品质量法》有规定，应该首先适用该法。当该法无规定或规定不明确的时候，可以引用《民法典》的相关原则规定。

八、上海某乐园到底侵权了吗？

2019年8月，上海某大学的大三学生，前往上海某乐园游玩。进门时，被要求禁止自带饮料和食品，同时，工作人员未经其允许就翻看游客的书包，引起这个学生的不满，但是迫于压力，她还是把自带的食品扔掉后才入园。后来，这名学生将该乐园所属公司告上法庭，案由是服务合同纠纷。上海法院受理了此案。

无独有偶，2018年，苏州有一位律师，也是因为上海某乐园禁止自带食品和翻包行为而不满，以侵权纠纷的案由，起诉了上海某公司。可是，当时他却立案失败，法院没有受理。

为什么会出现这种情况呢？情况都是一样的，那么到底是合同纠纷，还是侵权纠纷呢？

法律适用

我们在将案件提交法院起诉之前，都有一个绕不过去的坎儿，就是确定案件的案由。

案由是诉讼案件中涉及的法律关系的性质进行概括之后所形成的案件名称，比如，合同纠纷，侵权纠纷，人身损害赔偿纠纷，等等。如果起诉时，案由选择不当，则可能导致无法立案，或者在审理过程中出现偏差，起诉被驳回，或者达不到原告起诉的目的。

因此确定案由是一个非常专业的工作，需要有专业人士来进行指导。毕竟每个纠纷中往往存在不止一个法律关系，将这些法律关系进行梳理，并确定其性质，概括案由，需要专业知识和实践经验。

法院认可“服务合同纠纷”这个案由，基于以下考虑：

服务合同是以提供服务为标的的合同，比如，我们常见的技术服务合同、家政服务合同，等等。合同的一方当事人为另外一方当事人提供无形的服务，并获得对方支付的对价。

本案中的原告自购买乐园出售的门票开始，就和乐园之间形成了游乐服务合同关系，原告支付票款，乐园提供游乐项目及配套服务。

在履行这份游乐服务合同的过程中，原告认为被告的行为不符合合同约定，对其造成损害，因此，提出异议，要求被告赔偿。

前述内容中，我们曾经分析过构成侵权责任的四个要件，即，违法行为、侵权后果、侵权人的主观故意和侵权行为与后果之间的因果关系。四者缺一不可。

本案中认定是否为侵权的关键是，侵权后果到底是什么？虽然表面上看是游客的自带食品的权利受到伤害，翻包行为也涉嫌侵害游客隐私，但是，所有这些权利都基于双方之间的服务合同已经缔结的基础上，都是在双方履行游乐服务合同过程中出现的情况。

因此，法院将其归为服务合同纠纷更符合双方之间的法律关系的本质。

律师讲解

本案已经于2019年10月经法院调解结案了，上海某乐园补偿原告50元人民币，并同意修改“入园须知”，允许游客携带自用食品入园。此事算是告一段落，各方各退一步，相安无事了。

虽然是调解结案，该案结果不具备普遍的适用意义，是一个遗憾。但是，通过此案，我们看出法治的进步，特别是个人对抗力量强大的企业时，依靠法律还是会收到较为理想的结果。

本案中还引出另外一个话题，就是关于“霸王条款”的理解和认定：上海某乐园不允许自带食品的“入园须知”是霸王条款吗?

虽然这个须知是乐园经营者单方面制定的，但是，并非单方制定的条款就一定是“霸王条款”，它们通常就是格式条款，为了方便使用，比如，银行或保险公司出具的合同，就基本上都是格式条款。

只要格式条款按照公平原则制定，保护双方交易的顺利进行，就是合法有效的。

而霸王条款是指那些由经营者单方面制定的、意图逃避自身法定义务或限制消费者权利的条款、声明、告示或通知等。

但是，作为消费者，我们是无法将自认为不利于自己的条款认定为霸王条款的。本案中，虽然原告对此条款提出了异议，但是，最后法院也并没有就此认定为霸王条款。只是将修改这个条款作为调解的一个条件，督促乐园进行整改。

翻包行为侵害了消费者的隐私权吗？我国目前对于隐私权的界定还是比较模糊的，没有将其作为一项独立的权利进行保护，只是利用司法解释在保护名誉权或维护公序良俗的角度上，对隐私权进行了间接保护。

隐私权在法律理论界，通常是指公民享有个人信息或资料不被他人非法收集、知悉或披露的权利。因此，根据目前的法律规定和理论基础，是无法认定入园手检翻包行为侵害了游客的名誉权的。

因此，从“霸王条款”认定和隐私权侵犯这两个维度来看，游客和乐园之间的纠纷的确不符合侵权纠纷的条件，法院以“服务合同纠纷”立案，是恰当和专业的。

《民法典》相关规定的释义

《民法典》第四编第六章增加了“隐私权和个人信息保护”的内容，如果本案发生在2021年1月1日之后，就不会面临对于“隐私权”存在争议的情况了。

因为《民法典》第一千零三十二条对“隐私”有了明确定义，所以，对于未经同意私自窥探、披露、公开或传播他人隐私的行为也就容易认定了。

不过，公园检票口翻包是否属于上述侵犯隐私的行为，其实还有待司法实践进一步验证。不过，届时，游客针对翻包提起的侵权之诉纠纷就有法可依了，不会再有无力感。

九、工人在酒店装修时意外死亡，酒店应该负责吗？

林晓做梦也没想到，自己会遇到这样的倒霉事。

2019 年春节前夕，他承接了北京某五星级酒店中餐厅 VIP 房间的装修工程。因为工期紧，所以，他就从同乡的施工队借用了两名电工来帮忙。

没想到，就在工程即将完成的前三天，其中一名电工刘长利在干活的时候突发心脏病去世了。赶到医院处理后事的林晓发现，刘长利只有 35 岁，却已经是三个孩子的父亲，老婆带着三个孩子，坐在医院的急诊室号啕大哭。

因为刘长利并没有任何社保，所以，他的去世意味着一家人的生活立即陷入困顿。老乡和林晓也没有购买任何保险，出于同情，也只能商量着给付一些安抚费和丧葬费，合计 25000 元。

但是，刘长利的家属却不接受，他们要求索赔 40 万元，说是要给孩子们准备好未来的生活费和教育费。

大家都是穷人，谁都没有这个实力给这么多钱。于是，有人提出让酒店负责，“因为人是在他们酒店死的，是给酒店干活时死的”。

于是，刘长利的父母、老婆和孩子就气势汹汹地来到酒店理论。这让林晓提心吊胆，因为酒店是他的大客户，装修工程款还没结算呢。

面对索赔，酒店的态度强硬：刘长利是意外死亡，且是林晓的雇员，为林晓工作，因此，此事和酒店无关，不会给予任何赔偿。

事情僵持在这里，该怎么处理呢？

法律适用

在此事件中，刘长利是林晓的临时雇员，两个人之间是劳动合同关系，这点毋庸置疑，因此，当刘长利在完成装修工作的过程中出现意外死亡的时候，理应是林晓要对其负责。如果他为刘长利上了社保，或其他商业保险的话，那么，刘长利的死亡赔偿金和抚恤金等应当由保险公司来支付。

而现在林晓和他的老乡都没有为刘长利上保险，那么，应当支付给刘长利的死亡赔偿金和抚恤金等费用就只能由林晓和同乡负担了。

林晓是临时雇用刘长利，没有为他上社保，也情有可原。但是，林晓的老乡也没有为他上社保，就违反了北京市有关劳动合同方面的规定了。不过，由于刘长利已经死亡，他追索社保费用的权利也就丧失了，在劳动合同法层面上，补缴社保费用的主张只能是劳动者本人提起。

酒店只是刘长利的工作地点和死亡地点，刘长利的死亡基于意外事件。在法律关系上，酒店和刘长利的死亡毫无关系，因此，提出让酒店赔偿的要求没有依据。

但是，如果有证据能证明酒店在此事的过程中，存有过失或过错，那么，酒店也不是绝对没有责任。

律师讲解

刘长利的情况的确令人同情，不论是林晓，还是他的同乡，作为刘长利的雇主，应当力所能及地帮助他处理好身后事，安抚好家属。特别是因为他们均未给刘长利上社保或保险，造成家属生活困难，其责任就更大了，不得推脱。

不过，与此同时，刘长利家属提出的 40 万元索赔也应该有依据，比如，老家当地的平均生活费，子女教育费，老人赡养费的标准，等等，不得漫天要价，不得通过索赔获取非法收益。

酒店在此事中颇为无辜，但是，也并非无懈可击。因为作为一家五星级酒店来说，雇用没有资质，也没有购买雇主责任险的小型装修队进行 VIP 房间的装修，是违反行业惯例和相关法律规定的。

正因为当时的酒店工程部图省事，没有通过正规程序确定装修队，才导致今天被索赔的局面。可以说，酒店对于自己面对的窘境也负有一定的失职责任。

基于以上分析，本案在律师、当地派出所和刘长利老家的村干部的协商调解下，达成如下的和解协议：

刘长利家属将索赔金额下降到 35 万元。

基于同情和公平原则，酒店向刘长利家属支付 5 万元。

林晓和他的老乡共同承担剩余的 30 万元，可以分三年付清。

四方签署书面和解协议，酒店、林晓和老乡当场各自给付 5

万元，剩余金额由林晓和老乡分三年支付。

和解协议签署之后，刘长利家属拿着15万元现金，返回老家，料理后事。而酒店、林晓和同乡也回归正常经营和工作，不再彼此纠缠。

此事用和解的方式解决对于各方来说都是最经济实惠的，因为如果剑拔弩张，闹到法庭上，每个人都要牵扯巨大精力，特别对于刘长利家属来说更是不划算。所以，实事求是，立足于利益最大化，尽快解决问题向前看，是最明智的选择。

《民法典》相关规定的释义

《民法典》第一千一百九十三条规定，承揽人在完成工作过程中造成第三人损害或自己损害的，定作人不承担侵权责任。但是，定作人对定作、指示或选任有过错的，应当承担相应的责任。

该条规定弥补了我国法律对此问题的立法空白。

本条规定涉及承揽合同，此类合同是指承揽人按照定作人的要求完成工作、交付工作成果、定作人支付报酬的合同。承揽合同通常包括加工、定作、修理、复制、测试、检验等工作。

因为承揽人大多依靠自己的专业技术和技能完成承揽任务，不受定作人的支配和管理，所以，当承揽人造成第三人损害或自己损害时，不应当要求定作人承担责任。除非定作人对定作、指示或选任有过错。

本案发生时，《民法典》尚未实施，但是，《最高人民法院关于审理人身损害赔偿案件适用法律若干问题的解释》第十条，对此类问题的解释提供了法律依据。

林晓的施工队对于酒店来说，就是施工承揽人 -- 为了获取报酬，而为酒店完成一定施工工作，提交施工成果。

刘长利在这个承揽工程中是林晓的雇员，他发生意外就是林晓的施工队遭受损害，不能追究酒店，即定作人的法律责任。

但是，正如上述最高法院“司法解释”第十条中所称，酒店在选任施工队的过程中，没有严格按照法律和内部规章制度进行，聘用了管理不规范、临时拼凑的林晓的施工队，导致出现问题时林晓无能力也无实力给予解决。

因此，最后调解时，酒店因为其选聘施工队不严格规范的行为付出了代价，承担了部分的赔偿费用，是符合法律精神的，公平合理。

《民法典》第一千一百九十三条秉承了最高法院“司法解释”第十条的内容，以法典的形式肯定和沿用下来。

十、三岁女儿坠亡，母亲应当承担怎样的责任？

姜女士三年前怀孕休产假，一直没有上班。最近，单位向她发出了解除劳动合同的通知书，要求她尽快到单位办理有关手续，把双方的法律关系清理干净。

由于家里无人照看女儿，所以，姜女士就带着三岁的女儿来到单位。在她和单位的人事主管谈话的时候，她就把女儿托付给前台的一位女孩照看。

可是，就在她办理完手续，向门外走的时候，忽然听到楼道里的一声尖叫。姜女士跑到楼道里观看，只见前台的女孩站在楼道当中，指着楼下，发出叫声。

姜女士顺着她的手指方向望下去，只见三岁的女儿躺在大楼的一层地板上，周围一片血污。

原来，姜女士的女儿不听前台女孩的劝告，偏要去楼层中间的玻璃中庭处攀爬，女孩劝阻不住，只好跟着孩子一起前往中庭。

由于中庭的围栏有雕花镂空，所以，身材瘦小的女儿不知怎的就从其中一个镂空处滑出去了。前台女孩发现后伸手去拉的时候，已经来不及了。一个幼小的生命就这样跌落在坚硬的大理石地板上，再也没有苏醒。

姜女士痛不欲生，难以接受这样的现实。于是，她将单位和前台女孩一起告上法庭，要求他们共同承担女儿的人身损害赔偿责任，包括死亡赔偿金、丧葬费、精神抚慰金等合计 50 万元。接到起诉书的单位和前台女孩，却一并提出反诉，不仅不承担赔偿责任，而且主张说，因为姜女士将孩子带到单位，违反规定，出事后又接受媒体采访，损害单位声誉，所以向姜女士追索商誉损害赔偿金，合计 12 万元。

此案中姜女士到底应该承担怎样的责任呢？

法律适用

出事坠亡的孩子年仅三岁，是未成年人，根据《民法总则》的规定，她的父母是其法定监护人，对其承担监护责任。相关法律规定，监护人在履行职责的时候，应当秉承谨慎、合理、全面的注意义务，确保未成年人的安全和利益。

姜女士在单位办理手续期间，将女儿托付前台女孩照看，是暂时将监护人转让给这个员工，因此，该员工既然接受了姜女士的委托，就应该在此期间尽到监护人职责，谨慎、合理和全面履行监护义务，确保孩子的安全和利益。

前台员工在监护照看孩子的时候，放任三岁的小孩进行危险的游戏，没有进行阻止，导致悲剧的发生，负有不可推卸的责任。

同时，因为该员工是在工作时间内，为了支持人事部门的工作，而代为照看孩子，所以，可以认定该前台员工的行为是职业行为，其引发的后果应当由单位来承担。

同理，因为父母是孩子的法定监护人，应当按照谨慎、合理和全面的原则履行职责，所以，姜女士将孩子托付素昧平生的前台女孩来照看，违反了谨慎原则，存在疏忽大意的情况，鉴于此，姜女士也应该对女儿的死亡承担部分责任。

综合以上分析，法院认为原被告双方对于孩子的意外坠亡，应当各自承担一半的责任，在核定损害赔偿金后，判决单位和前台女孩连带向姜女士支付人民币 18 万元。

姜女士带孩子来单位，是否违反单位规定，和孩子坠亡之间没有关联，单位就此向姜女士提出的诉请不予支持。

另外，出事后，姜女士接受媒体采访是否对单位商誉造成损害，需要单位提出证据进行证明，否则，亦构不成针对姜女士的索赔依据。

单位提出的这两项诉请都没有获得法院支持。

法律讲解

这是发生在北京的真实案例，孩子的死亡令人痛心。但是，法律要辨别的是非曲直却还是要讲清楚的，不能因为姜女士失去女儿就模糊处理。

女儿出事的起因，就是姜女士将女儿带到工作单位，并临时托付一个陌生的前台女孩。这个女孩是在姜女士怀孕休假期间过来上班的，她们在此之前根本不认识。

因此，姜女士将女儿托付给前台的行为存在疏忽大意的问题，没有尽到监护人应有的谨慎注意的义务。她自己对女儿的死负有责任。

前台女孩在接受姜女士的委托，担任临时监护人的过程中，对于孩子的冒险行为没有进行阻止，并采取合理的保护措施，导致悲剧发生，也应该对孩子的坠亡承担责任。

法院要求姜女士和单位各自承担一半责任，是客观公正的。这样的判决不仅加强了监护人履行职责的要求，客观上避免出现监护人疏忽大意的问题，而且给出于好心担当临时监护人的人们一个提醒，即，在接受他人委托，监护未成年人时，应当谨慎小心，额外关注他们的安全和利益。否则，就不要接受委托，以免出现意外情况。

至于单位和前台女孩提出的，带孩子到单位违反规定，和损害商誉的诉请，多半是基于姜女士诉讼所提出来的防御性措施，其实和本案无关，法院驳回这两个诉请是情理之中，估计也在单位的意料之中。

《民法典》相关规定的释义

有关监护的规定，《民法典》强化和细化了监护人的职责，对监护人提出了更高的要求。（详见《民法典》第二十九至三十九条）

《民法典》中增加了变更、撤销监护人的条件和程序，在一定程度上加大了对无民事行为人和限制行为能力人的保护，使得他们在权利受到侵犯时，能够有比较明确的救济方式。

但是，目前在实践中，变更和撤销监护人的具体操作流程还是非常粗糙，存在无法及时启动、手续烦琐和耗时长的问题，亟待在法典实施后，尽快完善，以便将法典保护弱势群体的初衷和目的实现。

十一、大风起兮，外墙面脱落砸坏汽车，该找谁索赔？

北方的春季，冷暖气流交汇，天气变化多端。前一天还是天高气爽的日子，第二天就狂风大作，夹带着黄沙铺天盖地。

4 月的一天，大风过后，某小区的停车场一片狼藉，旁边塔楼的外墙面脱落，三十多厘米见方的墙面砖掉下来七八块，其中的大部分都砸到停在高楼旁边的汽车上，四辆私家车受损严重，幸亏当时路上无行人，否则后果不堪设想。

车主们义愤填膺，找到物业公司索要说法。可是，物业公司的负责人却推三阻四，争辩道他们对此事没有责任，要求业主们去找开发商。

可是，开发商已经卖完了房子，把售楼处都拆除了，到哪里去找呢？再说了，这件事难道跟物业公司一点关系都没有吗？为什么不能找他们维修、赔偿呢？

法律适用

开发商和业主签署房屋买卖合同，应当向业主交付符合质量要求的房屋，外墙面属于房屋的共有部分，也在开发商交付房屋的范围内，也要符合质量标准。

因为外墙面属于房屋的共有部分，所以，开发商也应当像保修房屋其他部分一样，对外墙面负有保修责任。按照建筑工程质量保修办法的有关规定，外墙渗水保修期限为五年。而对于外墙面砖脱落问题，没有规定，是由开发商和施工单位自行约定的。根据行业惯例，通常该保修期也是五年。

因此，如果该小区的竣工验收日到墙面砖脱落事故发生日在五年期限内，那么，业主们有权根据房屋买卖合同和相关法律规定，要求开发商进行保修，且不得收取任何费用。由于外墙砖脱落遭受损失的车主，也可以找开发商索赔。

如果小区入住多年了，早已经超过五年，那么，业主也可以找开发商进行维修，所需费用从公共维修基金中支出。

另外，针对车主的索赔，适用和前述不同的法律依据，因为外墙面砖历经风吹日晒，正常损耗在所难免，所以，在保修期之外发生脱落现象不属于开发商的建设责任，不是产品质量问题，而是日常维护保养责任不到位。

根据《侵权责任法》第八十五条，建筑物、构筑物或者其他设施及其搁置物、悬挂物发生脱落、坠落造成他人损害，所有人、管理人或者使用人不能证明自己没有过错的，应当承担侵权责任。所有人、管理人或者使用人赔偿后，有其他责任人的，有权向其他责任人追偿。

物业管理公司作为建筑物的管理人对外墙面砖脱落负有管理失职的责任，理应对所造成的损害承担赔偿责任。

2020 年 5 月 1 日开始实施的《北京市物业管理条例》中对于物业公司履职责任进行了规范，并赋予相关行政部门以处罚权。即便没有造成实际损害，只要行政部门发现物业公司没有按照规定认真履职、杜绝隐患，那么，物业公司都可能被行政部门处以警告或罚款等行政处罚措施。

律师讲解

本案的损害是两个方面，一个是外墙面砖脱落本身给楼房造成的损害，需要维修，这是全体业主的公共利益。另外一个是车辆被砸的部分业主受到的损害，他们除了向保险公司申请理赔之外，还有权向损害责任方进行索赔。

高层塔楼是一个集合式建筑，外墙面是全体业主共有。因此，外墙面砖脱落使得全体业主的利益受损，开发商或物业公司应该按照房屋买卖合同或法律规定，为业主进行保修或维修，以恢复外墙面原状，维护业主对房屋共有部分的合法权益。

而对于业主车辆被砸，作为建筑物及其悬挂物的日常管理者的物业公司难辞其咎。不论房屋是否处于五年保修期内，根据《侵权责任法》第八十五条的规定，物业公司都负有责任。

不过，第八十五条中规定的是“所有人、管理人和使用人”要负责，而业主是外墙面的共同所有人，是否也应该对此负责呢？答案是肯定的。

只不过，业主们虽然是所有人，但是，实际上并未参与对外墙面的维修保养工作，无从了解外墙面的老化损毁情况。另外，第八十五条立法的本意是敦促建筑物的所有人加强自身的责任意识，妥善管理和维护自己名下的建筑物和构筑物，而这种情形和普通住宅的建筑物管理的实际状态并不匹配。因此，第八十五条的规定不适用业主，此处仍然是物业公司应当承担责任。

但是，如果物业公司认真履职，并提请了业主委员会，或业主大会报告，进行了相关告知、提醒和日常维护工作，那么，物业公司的责任可能会被免除，或者减轻。

《民法典》相关规定的释义

《民法典》第一千二百五十三条的规定和《侵权责任法》第八十五条保持一致，未做修改。即，《民法典》实施后的此类案件的审理仍然沿用相同的规定，只是法院所援引的法律名称和条款编号改变了。

第二篇　特殊权利保护

一、药品专利权的争夺和使用，另辟蹊径，造福病患

一部《我不是药神》刺痛了无数人的神经，人们对高价进口药爆发出了怒吼——简直是乘人之危，谋财害命！是啊，大家都能想象这样的选择该有多痛苦：要钱，还是要命？

所谓进口药，就是指通过合法途径购买的国外医药公司生产的药品，通常这些药品的知识产权属于国外医药公司。这些药品通常价格高昂，原因在于其研发过程漫长而艰辛，成功率低。业内人士说，药品研发“十年十亿”，不是调侃，是事实。

比如，美国研发的抗艾滋病疫苗，在进行人体临床试验后，发现有效率仅仅 30% 左右，参加实验的人（全部是西非人）中有 120 多人感染病毒。由此，该疫苗宣告失败，30 亿美元打了水漂。

可见，药物的研发是充满不确定性的高风险的过程。为了鼓励药物的研发，给发明创造的人以鼓励，才有了药物发明专利制度。发明专利的保护期是 20 年，发明人利用这 20 年独占市场的时间，获得丰厚的经济利益，这对生物技术公司的药物研发和可持续发展至关重要。

但是，因为药品被政府的医药监管部门严格管控，所以，为了安全性和有效性，临床试验是必须的，而新药研发的很大一部分经费支出都是用于临床试验的。在临床试验之前，药物发明人必须披露发明内容，为了保护发明，权利人即申请专利。因此，这就在客观上导致了从申请专利到产品进入市场的过程十分漫长，中间隔着结果充满不确定性的临床试验。

专利保护自申请之日计算，虽然专利独占市场的时间是20年，但是，由于上述临床试验期和最终审批的过程时间难以预料，所以，药品真正上市销售，获取利润的时间通常只有十几年。因此，这些公司自然就将前期开发的费用和后期的利润都加在药品价格，利用这短短的十几年来收回成本，获取利润。美国和其他一些地区允许专利权人申请延长专利保护期，以弥补由于监管要求的安全性和有效性试验，造成的产品延迟投入市场而形成的利益损失。但是，这种延期和实际上的时间延后是不成正比的。

相比欧美国家，我国的药品研发的专利权保护、价格体系和鼓励研发的资金政策等方面均存在明显差距，目前我国具有独立知识产权的新的药物品种很少，面对进口高价药，也只能是忍气吞声，不得不忍受。

法律适用

《中华人民共和国专利法》自1984年审议通过后，历经数次修改，最新版本自2020年10月17日经过全国人大常委会审议通过，并实施。

该法对于我国专利保护工作给予了很大促进，同时，自1993年接受医药产品专利申请后，也一再遇到各类新问题。针对进口药拥有的强势知识产权现状，我国的应对思路也需在法律的框架下进行更新，努力为自己争取一席之地。

《保护工业产权巴黎公约》是世界知识产权组织下属的一个公约，目前国际上大多数国家都是该公约的成员国。我国是1985年3月19日正式加入该公约的。成员国均同意给予被批准的专利20年的保护期，自该专利申请之日计算。

“巴黎公约”对于成员国来说，彼此给予一些优惠，比如，发明、实用新型和工业品外观设计的专利申请人从首次向成员国之一提出申请之日起，可以在一定期限内（发明和实用新型为12个月，工业品外观设计为6个月）以同一发明向其他成员国提出申请，而以第一次申请的日期为以后提出申请的日期。其条件是，申请人必须在成员国之一完成第一次合格的申请，而且第一次申请的内容与日后向其他成员国所提出的专利申请的内容必须完全相同。

我国加入WTO后，成为《与贸易相关的知识产权协议》（即，TRIPS协议）的签约国。按照协议约定，签约国之间应该平等地给予专利权保护。而很多不发达国家，存在买不起药的情况，联合国同意将不发达国家出台医药专利保护的时间延后至2016年。在过渡期内，这些国家仍然可以抄袭他国技术，生产仿制药。

可是，期限届满时，却发现有些国家还是不愿意给予药企专利保护，很多国家的本土医药研发还是停滞状态。原因在于，缺乏医药专利保护阻碍了药品研发的积极性，也让有意投资者担心投资得不到保护而望而却步。

因此，不发达国家药品研发落后，高价药横行，并非药物专利保护制度的问题，恰恰相反，而是专利保护不利，导致的医药研发科技活力不足，缺乏吸引投资的法律保障和政策支持。

律师讲解

基于我国加入的国际公约、协议和国内专利法律，我国给予公约成员国和其他国家地区的发明专利权是必须履行的责任和义务。但是，也正因为有这些法律规则，所以，在目前我国原创药物专利数量少的情况下，为了维护我国病患的合法权益，促进国内药品研发的进步，我们可以利用这些国际规则和法律规定，来尽可能地扩充属于我们自己的专利权储备，这在专利申请领域，被称为专利申请布局。

医药产品的专利权要求可以分为：活性成分类的权利要求，活性成分类衍生物的权利要求，配方类权利要求，方法类权利要求和用途类权利要求。比如，某一种新药物被申请了活性成分类权利要求，那么，在进一步研究基础上，其他人可以就该药物提出用途类权利要求，只要是符合专利权授予的新颖性、创造性和实用性的要求，那么，这个人就可以获得该药物的用途类专利权。

此时，拥有该药物活性成分类专利的权利人，和获得该药物用途类专利权的权利人之间，就可以通过权利交叉许可的方式，来进行药物的实际使用，使得药物用途类专利权的权利人，获得了该药物使用的部分话语权，从而达到避免对方一家独大，垄断该药物市场，获得巨额经济利益的情况。从平抑药品价格和国家卫生安全的角度看，是值得肯定的做法。

除了上述交叉许可模式，还有发现新用途的权利要求。比如，萨利多胺是一种传统的镇静剂，曾经用来治疗孕妇晨吐。但是后来发现该药物会导致新生儿畸形，致使该药市场前景黯淡。经过继续研究，科学家发现，该药物具备良好的抗血管生成和免疫调节功能，于是美国 FDA（美国联邦食品和药品监督局）批准其用于治疗麻风病。

针对治疗麻风病的新用途的专利权，给权利人 Celgence 公司带来丰厚的利润，至今仍是其主打产品。

因此，根据我国目前药物的研发和科研情况，利用国际规则和法律规定，在既有的国外药物专利的基础上，通过继续开发，获得和产品类专利不同的其他类型的专利权，也许是我们当下能够迅速解决进口药价格居高不下、造福普通病患的一条可选之路。

《专利法》相关规定释义

我国现行《专利法》是 2008 年修订的，于 2009 年 10 月 1 日正式实施的。

该法第二条规定，《专利法》保护的对象是发明、实用新型和外观设计专利。其中，对于发明的定义是：对产品、方法或者其改进所提出的新的技术方案。

《专利法》第十八条规定，在中国没有经常居所或者营业所的外国人、外国企业或者外国其他组织在中国申请专利的，依照其所属国同中国签订的协议或者共同参加的国际条约，或者依照互惠原则，根据本法办理。

《专利法》第二十二条规定，授予专利权的发明和实用新型，应当具备新颖性、创造性和实用性。

《专利法》第二十五条规定，对下列各项，不授予专利权：

（一）科学发现；

（二）智力活动的规则和方法；

（三）疾病的诊断和治疗方法；

（四）动物和植物品种；

（五）用原子核变换方法获得的物质；

（六）对平面印刷品的图案、色彩或者二者的结合作出的主要起标识作用的设计。

对前款第（四）项所列产品的生产方法，可以依照本法规定授予专利权。

我国目前参加的有关专利保护的国际公约主要有:《保护工业产权巴黎公约》和《专利合作条约》。这些公约和条约是世界知识产权组织管理的知识产权领域的重要国际条约，标志着中国知识产权保护已经开始国际化，并融入全球知识产权保护和合作的规则体系。

二、软件著作权保护，IT 精英们的必修课

2017 年国庆假期前夕，某创业团队声称阿里巴巴抄袭了他们的“你今天真好看”APP。

马云校长到处给人家讲课，俨然人生导师。他的阿里巴巴团队居然抄袭人家的作品？到底是怎么回事？

在这个事件中，双方争执的焦点是阿里巴巴团队是否窃取了“你今天真好看”APP 团队的知识产权，构成抄袭。

首先要弄清楚的是，“你今天真好看”APP 团队是否拥有知识产权，否则也就谈不上窃取和抄袭。

根据目前已经披露的信息看，该创业团队在跟阿里巴巴接触之前，已经开发出一款用于肤质测试的 APP，并于 2016 年 8 月上线。因此，我们完全可以认定该团队对于这款 APP 产品拥有知识产权。

法律适用

我国《著作权法》第三条规定，计算机软件属于该法保护的作品，而第二条规定作品无论是否发表，均受保护。

《计算机软件保护条例》则是为了加强对于软件知识产权保

护而特别颁布的，且软件登记并不是获得保护的必须程序，它遵循《著作权法》中“作品一经产生，即受保护”的原则。

因此，该团队对于这款APP软件拥有著作权，理应享受法律的保护。

尽管此款APP软件是该团队的软件成果，是法律保护的对象，但是，法律所提供的保护是最低级别的，通常只能在受到侵权和争议时，进行被动地防御。

律师讲解

法律提供的软件知识产权保护是最低级别的，是为了在有人侵权或遇到争议时，用来防御的。

也就是说，要想对自己的软件知识产权进行更加有效的保护，还需要更加积极的措施，而不仅仅是被动防守。

作为软件知识产权人的创业团队，在为自己的知识产权设计主动保护的机关时，可以考虑以下几方面：

第一，内部防范，隔离非核心人员。

换句话说，就是在创业公司内部也要有隔离墙，核心技术只针对最核心的几个关键人员开放，其他无关员工不得靠近。甚至要将核心技术分散由几个人分别掌握，就像古代皇帝的兵符，由皇帝本人和大将军分别拥有，谁也别想一个人专断独行。当然，要想使这样的安排得以顺利执行，公司必定要有完备的规章制度，否则也难以实现。

第二，团队核心研发人员的稳定性机制，确保软件关键内容的安全。

如果创业者自己就是研发人员，那么自己当股东，公司成败荣辱和自己休戚相关，这个是最安全的。如果创业者自己不是研发人员，或者已经引入了其他投资者，那么，为了稳定团队，就必须利用股权、期权或者其他激励机制，让研发人员的自身利益和团队未来的发展捆绑在一起，一荣俱荣，一损俱损。

第三，作为团队领导者，不能只看产品研发的技术本身，还要主动了解自己软件的市场价值和前景，对于觊觎产品的力量有判断和预防。

如果创业者自己不擅长这方面工作，可以将相关商业评估工作交给专业的第三方来做，以获得更好效果。

在“你今天真好看”APP团队和阿里巴巴的侵权纠纷中，该团队犯了两个致命错误。

第一，就是在面对拥有强大实力的“巨无霸”时，有点找不到北，一厢情愿地以为对方带来的是机会和财富。这种心态让他们放松了警惕。

其实，在阿里巴巴主动找上门来的时候，他们应该看到自己产品的价值了，沉住气，待价而沽才是上策。

第二，他们在没有跟对方签署任何正式的法律文件之前，就将关键的技术方案给了对方。这犯了大忌。

我们处理过的许多案例中，有时候即便是签了合同，还反悔呢，更别提此种“口头约定”了。

软件知识产权争议发生后，阿里巴巴发表声明，下架天猫美妆的争议产品，并要进行软件源代码的复查，这其实是最重要的一步。因为任何人都不能垄断思想，尽管存在“英雄所见略同”的情况，最后还是要用事实和证据说话。

知识产权方面的法律只保护思想的表达方式，而非思想本身。

相关法律规定释义

根据我国《著作权法》的规定，包括程序或文档在内的软件作品是作品的一种，可以得到《著作权法》的保护。

软件作品的开发者不论其是否发表作品，不论其在何地发表作品，也不论其是否进行了著作权登记，都享有著作权。

鉴于软件产品的特殊性，国务院在《著作权法》的基础上，制定了《计算机软件保护条例》，对计算机软件作品进行特殊保护。

软件著作权归软件开发者所有。软件开发者通常是指进行实际的组织、开发工作，提供工作条件以完成软件开发，并对软件承担责任的法人或者非法人单位；也可以是依靠自己具有的条件完成软件开发，并对软件承担责任的公民。

软件著作权登记不是软件版权保护的必要条件，计算机软件的开发者不论是否发表该软件，都享有著作权。而向软件登记管理机构办理软件著作权的登记是提出软件权利纠纷行政处理或者诉讼的前提。软件登记管理机构发放的登记证明文件，是软件著作权有效或者登记申请文件中所述事实确实的初步证明。

任何未经软件著作权人许可，擅自对软件进行复制、传播的行为，或以其他方式超出许可范围传播、销售和使用软件的行为，都是软件盗版行为。盗版是侵犯受相关知识产权法保护的软件著作权人的财产权的行为。

三、网络不是法外之地，侵犯隐私权要负法律责任

2007 年 12 月，某网站刊登了一篇文章，其中详细描述了崔某和丈夫王某之间的感情纠葛，这篇日记体的文章据说是崔某生前撰写的，当读者看到此文时，崔某已经因为不堪感情压力而跳楼自杀了。

于是，在该网站网页留言区出现了很多谩骂丈夫王某的帖子，甚至有人开始“人肉搜索”王某，将其个人信息、电话、工作单位、家庭住址等在网站上公布出来。于是，就发生了王某家大门和楼道被贴标语、王某被恐吓的情况。

2008 年，王某无法忍受这样的骚扰，于是向北京市朝阳区人民法院提起诉讼，要求开办该网站的某技术公司停止侵害其隐私权、赔礼道歉和进行赔偿。

而作为被告的某技术公司则认为，该网站只是搜集和展示各方信息资料的一个平台，本身并不产生内容，且无法对信息来源进行一一核实。同时，对王某进行人肉搜索、披露其个人信息的也都是网友个人行为，作为网站无权干涉。不认可王某的有关隐私权受到侵害的诉求。

本案被称为“网络诽谤第一案”，法院经过审理，支持了王某的诉求，认定该技术公司的行为侵犯王某隐私权，应当立即停止侵害，赔礼道歉并赔偿损失。

法律适用

某技术公司开办该网站，即对该网站的运营具有管理职责，因此，该网站出现的问题和受到的投诉理应由某技术公司负责，承担后果。

本案的核心问题在于，网站上公布王某的个人信息、电话、工作单位和家庭住址是否构成侵犯其隐私权。如果构成，则某技术公司应当承担侵权责任。如果不构成，则公司无责。

王某和崔某因感情纠葛，导致最后崔某跳楼自杀，本来是普通的社会新闻。网站进行报道无可厚非，但是，在此过程中，网站没有将王某的个人信息和资料进行技术处理，导致广大网友知悉，以至发生个别人上门骚扰王某，影响其正常生活和工作的情况。对此，网站和其他开办单位某技术公司难辞其咎。

隐私权一般指自然人享有的对自己的个人秘密和个人私生活进行支配并排除他人干涉的一种人格权。采取披露、宣扬等方式，侵入他人隐私领域、侵害私人活动或者侵害私人信息的行为，就是侵害隐私权的行为。

网友人肉搜索王某信息，并公开发布在网站上，就是侵犯王某隐私权的行为。作为网络平台，不仅未对这些个人隐私信息进行技术处理，还将该网页和其他链接关联，客观上导致王某个人信息的扩大传播，并从虚拟空间，扩展到现实生活，切实给王某带来困扰和损失。

根据《宪法》和《民法通则》(2008年有效，现行有效的是2017年10月1日起实施的《民法总则》)的有关规定，公民的隐私权受法律保护，侵犯隐私权的行为应当受到制裁。

律师讲解

关于隐私权的准确定义，在本案审理过程中，我国法律尚无明确规定。但是，在司法实践中，业已形成了对于隐私权的理解适用，即如上文所述，是人格权的一种，受到包括《宪法》《民法总则》《侵权责任法》和《刑法》等在内的诸多法律的保护。

网络平台本是公民发表意见观点，进行娱乐监督的工具，只要不超过必要的限度，都是可以的。但是，网络并非法外之地，参与事件讨论和提供信息的所有人都应该遵守现行法律的规定，不得侵犯他人的合法权益，不得损害公共利益。

本案中，网友的人肉搜索超过了必要的限度，未经王某许可，将其个人信息发布在网络上，并进行负面的恶意评价，导致王某的生活和工作遭到损害。

对于网友的此类行为，网站的管理者不仅没有进行及时的技术处理，而且还长期搜集汇总、提供网络空间进行讨论和评价，导致事态的恶化。该技术公司负有不可推卸的责任。

此案完结后，朝阳区人民法院还向工信部发出司法建议书，针对越演越烈的网络不实言论和公布他人隐私信息行为的泛滥给相关人员带来的伤害，提出司法建议。

《民法典》相关规定的释义

2021 年 1 月 1 日起实施的《中华人民共和国民法典》对于“隐私”和“隐私权”都有了明确规定：

第一千零三十二条：自然人享有隐私权。任何组织或个人不得以刺探、侵扰、泄露、公开等方式侵害他人的隐私权。隐私是自然人的私人生活安宁和不愿为他人知晓的私密空间、私密活动、私密信息。

由此，我们可以知悉侵害他人生活安宁权和私密空间、活动和信息的行为都是违法行为，网络极大地改变了我们的生活，但是，在我们享受网络带来的便利的同时，仍然应该遵守最起码的行为底线，尊重他人的隐私权。

四、消费者对产品进行网络评论，是否构成侵害名誉权？

张建购买了一台笔记本电脑，使用不到半年就出现了问题。于是，张建就在自己经常访问的某网站上开设留言板，大力抨击该品牌电脑质量低劣，并将电脑生产商称为“黑心厂家，骗子企业”。

在张建频繁发布此类评论之后，他的留言板上开始出现呼应他的声音，有些网友也开始吐槽该品牌电脑的一些问题，其中充斥着激烈的、负面的，甚至恶意谩骂的表达。

某电脑期刊将该留言板中的内容整理汇总之后，另取题目，写成一篇文章，发表在该期刊的专栏中。由此在电脑硬件生产厂商中引起反响。

受到批评的该电脑品牌生产商随即分别发送“律师函”给电脑期刊和网站的主办公司，要求他们立即撤回对其的负面评论，并赔礼道歉。

但是，网站和期刊表示自己并无过错，真正批评电脑厂商的是张建，如果电脑厂商认为自己权利受到侵害，应该去找张建承担责任。

于是，电脑厂商将张建、网站和期刊一同告上法庭，要求他们承担自己名誉权遭受侵害的法律责任。

本案的最终审判结果是，法院认定电脑厂商的法人名誉权受到侵害，张建、网站和期刊分别承担了不同的侵权责任。

法律适用

张建购买的电脑出现质量问题，他在网站上进行披露，给予客观评价是其作为消费者的正当权利。

但是，事实上，张建从未按照电脑说明书中的内容，和电脑厂商的保修部门联系，更没有到厂商的保修点进行维修。张建甚至无法证明电脑问题是属于质量缺陷，还是他个人使用不当造成的。

在张建对电脑质量和电脑厂商的批评中，没有关于电脑质量的技术数据和证据，无法证明电脑不符合相关技术标准，更无法证明厂商是否欺骗消费者。

基于此，张建在网络上对于电脑厂商的各种评论均系捏造，他在网站留言板上开设评论区，鼓动广大网友对电脑厂商进行批评，甚至谩骂，带有明显的主观故意，并已经降低了电脑厂商的商业名誉和社会评价。

张建的行为侵害了电脑厂商的法人名誉权，应当承担相应的法律责任。

网站为张建发表评论提供了平台，客观上也无法对每一个上网的用户的言论进行审查。但是，在电脑厂商已经发出“律师函”，提示网站存在侵权行为之后，网站仍然没有及时采取措施，删除或屏蔽掉张建及网友的不当言论，因此，网站应当对电脑厂商发函后，造成的损害结果的扩大承担责任。

电脑期刊作为专业的媒体机构，对消费者披露的产品问题进行中立、客观的报道是其职责，但是，正因为此，在期刊撰写文章的过程中，应当主动了解事情全貌，搜集多方信息，进行善意的、客观的评论。

可是，电脑期刊在撰文的时候，仅仅是收集汇总了网站上张建和网友的评论和留言，并没有进一步调查研究，而这种基于失实信息写作出来的新闻报道，自然是违反了新闻公正的原则，期刊单位应当对由此造成的侵权承担相应责任。

律师讲解

任何个人、媒体，不得发布捏造虚假信息、刊登诽谤新闻，否则构成名誉权侵害。如果是真实事件发布，则不构成名誉权侵害。

名誉权是人格权的一种，受到法律保护。自然人和法人均享有名誉，这是自身才干、品德、成就和声望等的综合评价。任何有损这些评价的违法行为，都将被视为侵权。

本案中的关键点在于，张建的网络评论是建立在虚假和失实的信息基础上的，带有主观恶意。这是认定侵犯名誉权的一个重要构成要件。对于消费者来说，即便是过失，都不会被认定是侵权，而故意的行为性质则完全不同了。

互联网的无形性、瞬间性和无地域性特点，使得任何正面和负面的信息都能迅速传播。如果对故意捏造事实、损害他人（自然人或法人）名誉的行为不加以限制和制裁，那么，将导致极大的社会问题和恐慌。

因此，本案的判决给那些随意在网络上发表无根据的评论的人敲响了警钟，即便是在虚拟空间，所言所行也要有事实依据，切忌凭空捏造，损害他人声誉。

针对名誉侵权案，被侵权人通常会要求对方采取消除影响、恢复名誉、赔礼道歉、赔偿损失等方式来进行补偿。其中，消除影响、恢复名誉和赔礼道歉同样可以采取网络发布，在和侵权范围相当的范围内进行。

《民法典》相关规定的释义

2021年1月1日起实施的《民法典》第一千零二十四条规定：

民事主体享有名誉权。任何组织或个人不得以侮辱、诽谤等方式侵害他人的名誉权。名誉是对民事主体的品德、声望、才能、信用等的社会评价。

根据《民法典》第二条、第三条的规定，公司法人作为民事关系的参与者，具备民事主体资格，因此，法人的名誉权也受到法律的保护。

《民法典》第一千零二十五条规定，捏造、歪曲事实的行为要承担损害他人名誉权的法律责任。

因此，无论是《民法典》实施前，还是实施后，张建的行为都构成侵权，应当承担侵权责任。

五、服装设计图著作权赔偿金和投资款是两码事

大家看过电视剧《精英律师》吗？其中第一集中叙述的案子涉及“著作权侵权纠纷”。只不过，这一集中的内容对于著作权侵权的“赔偿金”和“投资款”的表述不够准确，容易导致误解。故在此特做说明，以正视听。

在剧中的吴美薇是一名服装设计师，她起诉大型服装公司任氏时尚侵害了她的设计作品的著作权，要求侵权人停止侵害、赔礼道歉并赔偿损失。

暂且不说，吴美薇索要的赔偿款500万元是怎么计算出来的，是否合理，胜算多大，单单就说罗槟最后为双方寻找的双赢方案是否合理，就值得我们分析一下，帮助大家厘清赔偿金和投资款的区别，避免上当。

赔偿金是侵权方支付给受害方的金钱补偿，不管是否是法院判决的，即便是双方和解达成的赔偿金，也是这个属性。这意味着，这笔钱的所有权是受害方的，谁都无权拥有和干涉。受害方想怎么花，就怎么花。

而投资款则不同，一旦投入，它就成为了被投资企业的资

产，代表着投资人的权利和利益。

如剧中所演，被告侵权的任氏公司聘请吴美薇担任首席服装设计师，并将本来给吴美薇的侵权赔偿金作为投资款，投入到吴美薇主持的任氏公司的时尚项目中。

这意味着这笔500万元的资金变成了任氏公司的资产，从左兜进入了右兜，任氏公司除了给吴美薇一个首席设计师的职务，其他什么都没付出。

即便是吴美薇对500万元投资款有预期的收益，也完全要依靠公司的经营管理，如果公司经营不善，那么，她的投资回报也很难实现。

剧中罗槟律师的所谓“双赢”方案，不仅让任氏公司逃脱了法律诉讼的纠缠，毫发无损，还让罗槟律师在客户任氏公司面前露了脸，这是他们两个的双赢，不是受害人吴美薇的。

法律适用

服装设计图是否可以作为著作权保护的对象呢？因为当前服装设计被抄袭的现象很多。

服装设计图通常是指设计师采用同美术绘画作品同样的手法，在平面材料上通过造型、构图、色彩、线条等表现手段，创造具有审美意义的可视形象，是服装设计者将脑海里所想的服装款式用直接明了的方式表现出来。

而根据我国《著作权实施条例》第四条规定，美术作品指绘画、书法、雕塑、建筑等以线条、色彩或者其他方式构成的有审美意义的平面或者立体的造型艺术作品。

基于此，我们可知，服装设计图一般的表现形式就是以色彩、明暗、线条、平面或立体的造型作为表现特征的创作，如果是具有独创性，符合著作权保护的条件，那么，设计图就属于美术作品的范畴，应当受到著作权法保护。

本案中，任氏公司未经吴美薇同意，擅自使用其服装设计图，并据此推出自己的服装成衣上市销售，其行为侵害了吴美薇的著作权，按照法律规定应当承担侵权责任。

针对任氏公司的侵权，吴美薇可以要求其停止侵害，并赔偿损失。侵权损失的计算可以采取三种方法进行：

以被侵权人所受损失为依据计算；

以侵权人所获违法所得为依据计算；

以上两种均无法计算时，由人民法院酌情判决50万元以下赔偿。

律师讲解

剧中的情节虽然是一个虚构的故事，但是现实中此类案件并不少见，还是具备一定代表性的。

除了上文中解释的“赔偿金”和“投资款”需要受害人厘清差别之外，还有一点必须注意，如果吴美薇同意入职任氏公司，那么，她今后的所有设计作品都属于职务作品，很难再以个人名义去主张著作权了（除非她和任氏时尚公司另有约定）。

服装设计图、服装效果图、服装样板都体现着设计师独特的构思和理念，并运用线条、色彩、阴影、构图和造型等表现手法，符合著作权保护的要件。

其中，服装设计图是作为美术作品保护的，服装效果图和服装样板是作为工业设计图和图形作品加以保护的。

在主张自己的服装设计图、效果图等作品受到侵权损害时，权利人还必须提供证据对方有条件和有能力接触到这些作品，并非偶然的创意相似。

《著作权法》相关规定释义

现行《著作权法》是2009年修订，并于2010年4月1日起实施的。

该法保护的作品包括如下种类：

（一）文字作品；

（二）口述作品；

（三）音乐、戏剧、曲艺、舞蹈、杂技艺术作品；

（四）美术、建筑作品；

（五）摄影作品；

（六）电影作品和以类似摄制电影的方法创作的作品；

（七）工程设计图、产品设计图、地图、示意图等图形作品和模型作品；

（八）计算机软件；

（九）法律、行政法规规定的其他作品。

2013年3月1日起实施的《著作权实施条例》第四条对《著作权法》中所保护的作品的含义进行了解释，使其更具可操作性。其中，针对“美术作品”的解释为：美术作品，是指绘画、书法、雕塑等以线条、色彩或者其他方式构成的有审美意义的平面或者立体的造型艺术作品。

六、为了让孩子随自己姓，这个母亲花了 10 万元

高先生和雷女士婚后有一子，烦恼就从这开始了。原因在于，一直和岳父母生活在一起的高先生，在儿子随谁的姓氏的问题上处于劣势，孩子满月时，妻子为儿子登记了姓名，孩子姓雷。

本来小两口还有要二胎的计划，但是，妻子一家的做法让高先生非常气愤，他觉得自己受到了侮辱，而且隐隐地还有不安全感，“谁能保证第二个孩子就一定随我的姓？他们眼里根本没有我！”高先生说。

孩子三岁进入幼儿园之后，高先生再也无法忍受，因为不论是老师，还是小朋友的家长，知道高先生的儿子姓雷之后，都会有些疑惑。“大家虽然嘴上不说，但是，人家的表情明摆着觉得奇怪，很多人都以为我不是儿子的亲生父亲。”高先生很烦恼。

于是，高先生提出离婚，他的条件是：净身出户，但是孩子必须改成他的姓。

妻子同意了他的要求，双方签署了协议，其中约定：“离婚后，妻子必须尽快协助高先生完成孩子改姓的手续，如果违反，妻子必须支付违约金 10 万元。”

可是，快三年过去了，儿子即将上小学了，妻子还是没有协助高先生完成改名手续。忍无可忍之下，高先生依据协议将妻子告上法庭，要求妻子完成手续，或者支付 10 万元违约金。

法庭上，双方意见针锋相对，谁都不让步，妻子明确表示不会给孩子改名。于是，法院判决妻子雷女士向高先生支付 10 万元违约金。

法律适用

我国《婚姻法》规定，子女可以随父姓，也可以随母姓。因此，高先生的儿子随母姓并没有违反法律规定，但是，因为夫妻之间缺乏协商和沟通，导致出现矛盾。

离婚时，高先生和雷女士签署的协议是合法有效的，因此，雷女士无故拒绝履行协议中的协助改名义务，就是违约行为，应当承担违约责任。

姓名权是公民与生俱来的人格权，婴儿的姓名由父母协商一致后，代为确定，这并非是说未成年人没有姓名权，而是在他们还未成年时，有父母代为确定。

而确定姓名的时候，不仅要遵守法律，也要兼顾文化传统、公序良俗。这是对权利行使的必要限制。

律师讲解

姓名权是人格权的一种，而且是绝对权和对世权，即，权利主体不必凭借他人的协助，即可享有的权利，他人不必积极作为就可以保证权利人的权利实现。

孩子的姓名虽然是在出生后，由父母代为确定的，但是，姓名权本身却是孩子天生的人格权的组成部分，这意味着，只有孩子才是权利的主体，父母只不过是代行而已。

本案中，法院判决雷女士支付10万元违约金，并不是因为其侵害了高先生的定名权（法律上也没有这个权利），而是因为其违反了和高先生之间的协议。

根据民法、婚姻法等相关法律和司法解释的规定，公民不仅享有姓名权，而且还可以按照法律规定使用和修改自己的姓名。

因此，本案中，如果高先生对儿子的姓氏一直耿耿于怀的话，可以等孩子18岁之后，跟孩子协商，由他自己来决定到底要随哪一方的姓。只要具备正当理由，并提交有关资料，现在的改名手续还是比较便捷的。

《民法典》相关规定的释义

2021年1月1日起实施的《民法典》第一千零一十五条规定：自然人应当随父姓或母姓。

第一千零一十二条规定：自然人享有姓名权，有权依法决定、使用、变更或者许可他人使用自己的姓名，但是不得违背公序良俗。

有关姓名权的规定在《民法典》第四编“人格权”中，因此，不论《民法典》实施前，还是实施后，对于姓名权隶属人格权的认定都没有变化。

另外，姓名权保护范围的扩大是《民法典》的重要内容，即，艺名、网名、笔名、译名、字号和名称的简称均纳入姓名权的保护，增强了对自然人和法人、非法人组织的姓名权和名称权的保护力度。

七、娱乐明星的名誉权保护受到限制，和普通人的不一样

2019 年底，有关明星某某名誉权诉讼案一审败诉的消息闹得沸沸扬扬，众多网友嘲讽他是“维权失败第一人”，因为在此之前，其他明星的名誉权维权诉讼均以胜诉收场。

面对法院的一审判决和网友的议论纷纷，明星某某和其律师团队发出声明，表示不服一审判决，已经提起上诉。不仅如此，某某的律师还特意说明一审判决并非广大网友解读的那样，而是另有详情：

首先，某某起诉五名被告，理由是他们撰写和转载了《渣男某某现形记》，枉顾事实，造谣中伤，诋毁诽谤，侵害某某的名誉权。

其次，一审法院的判决书，认定了直接撰文发布的三名被告侵权，一名转载被告侵权，另外一名转转被告不构成侵权。因此，大家说某某败诉其实是以偏概全，与事实不符。

最后，针对这一名未被判侵权的转载被告，某某及其律师团队认为法院适用的法律不恰当，违背了法律和司法解释中“权利义务对等”原则，客观上导致了放纵不负责任的散布不实信息的行为，侵害了某某的名誉权。

目前此案正在二审审理过程中，最后的结果尚未可知。

法律适用

本案是由成立不久的北京互联网法院审理的，适用的也是近些年针对互联网评论和侵权的最新的法律规定和司法解释，可以说是比较专业的。

本案中，被判侵权的三名撰文发布者，都是运营微博或微信公众号的实体或机构，且常年针对娱乐圈发表信息和评论，理应具备行业素质和专业精神。

但是，法院认为，他们在撰写《渣男某某现形记》时，捏造事实、蓄意诽谤，使用“渣男”“插刀”“背叛”等负面字眼，造成了不特定人群对某某的社会评价降低，符合侵害名誉权的构成要件。

因此，法院判决此三名被告应当承担侵权责任。

转载被告之一在转载时，在文章中加入“渣男某某现形记，先马后看”，被法院认定为和文章构成整体，对某某实施了侵权，应当赔礼道歉并支付赔偿。

而另外一名转载被告，在转载时，只是撰写了“真假不加评论，大家都说说对某某的印象”，法院认为这些内容不是作者的主观态度，不具有主观故意，不构成对某某的侵权。

另外，法院认为作为公众人物，某某对于他人的非恶意的评论应该具备高于普通人的容忍度，如果网友仅仅是理性讨论，而非故意诽谤中伤，那么，作为公众人物应当给予理解和容忍。

但是，目前司法实践中，这种容忍度到底达到多大程度才算合适，以及何谓理性讨论的概念都是非常模糊的。法院掌握的尺度也是宽严不一的。

律师讲解

名誉权是人格权的重要组成部分，也是日益被国人关注和重视的权利。近些年，名誉权侵权案件增长很快，这代表着社会的进步。

侵犯名誉权的几个构成要件有：主观故意、捏造事实和诽谤、侵权行为导致被害人的社会评价降低，或导致负面评价。名誉权维权案件中，受害人可以提出精神损害赔偿的要求，这是我国为数不多的支持精神损害赔偿的领域。

随着网络的兴起，网络上侵害名誉权的案件呈高速上升趋势，特别是对娱乐圈明星、体育明星等公众人物进行的各自爆料，经常引发海量关注。一旦这些内容失真，或者是谣言诽谤，则对当事人会造成巨大伤害。这是网络名誉权侵权行为的最大特点和问题所在。

《侵权责任法》《最高法院关于审理利用信息网络侵害人身权益民事纠纷案件适用法律若干问题的规定》等明确规定，不论信息撰写发布者，还是转载者，或者信息发布平台都应当对网络信息的真实客观承担责任。

本案中，某某和其律师对于其中一名转载被告未被判侵权表示不服的理由也在于，根据法律和司法解释，拥有200万粉丝的该公众号，应当对所转载的内容负有比其他普通网友更多的注意义务。

根据“权利义务相匹配”的原则，该公众号转载内容不实的文章，尽管未加倾向性的评论，但是其转载本身就代表着一种态度，因为其巨大的粉丝量，所以导致这些内容的广泛传播，对某某造成二次伤害。对此，该公众号理应承担相应责任。

本案还在二审中，但是，笔者认为，某某律师的意见很有道理。如果对于此类不实消息的转载进行放任，那么，未来所有人均可打着这样的旗号散播虚假和捏造的消息。特别是，这些影响力巨大的营销号，迂回操作，推波助澜，可能导致网络环境的进一步恶化。

不论结果如此，通过此案我们可以确知的是，作为公众人物对于舆论评价要有高于普通人的容忍度，对于大家的理性讨论，或者情绪化评论等，只要没超过法律的限度，没造成严重的社会负面影响，那么，法律上都不构成侵权。

但是，即便如此，造谣中伤、侮辱诽谤等蓄意贬低公众人物的人格、名誉和声望的行为，仍然属于违法行为，应当受到法律的制裁，严重时还可能触犯刑法。（详见《刑法》第二百四十六条，诽谤罪）

《民法典》相关规定的释义

2021 年 1 月 1 日起实施的《民法典》第九百九十八条规定，认定行为人承担侵害除生命权、身体权和健康权外的人格权的民事责任，应当考虑行为人和受害人的职业、影响范围、过错程度，以及行为的目的、方式、后果等因素。

鉴于此，在判断行为人是否需要承担侵权责任的时候，就必须要考虑其职业特征、行为目的和造成的损害后果。那些具有大量粉丝、依靠自身流量赚取收入的行为人自然需要对自己发布的消息进行审慎核查，多承担一些社会责任，净化网络舆论环境，减少虚假信息的传播。

八、要命，还是要衣服？

2017 年 9 月，武昌市某网吧工作人员李先生因心脏骤停被紧急送医。

接诊的医院判断李先生的症状是肺栓塞引发的心脏骤停，是非常凶险的情况。于是，为了挽救李先生的生命，多名医护轮番为李先生进行胸部按压，并采取了安插呼吸机等抢救措施。

由于在抢救过程中患者心脏不间断地停跳，所以在查明病因前，必须通过人工心肺仪维持生命体征，为诊断赢得时间。而插入人工心肺仪需通过大腿根部穿刺，要在腿部、腹部等部位消毒，所以必须剪掉身上的衣裤。

通过医院的监控录像，下午 5 点半，一男一女两名医护人员将李先生的短裤和 T 恤分别用剪刀剪断，并把从身上扯下的衣物扔到抢救室角落。半小时后，医护人员推来人工心肺仪，为李先生建立起体外心肺循环。

由于抢救及时，李先生当晚情况好转，转入 ICU 继续治疗。第二天晚上，李先生终于脱离生命危险，转入普通病房。目前已经康复出院。

可是，李先生脱离危险之后，他的父亲却找到医院领导，说李先生丢失了钥匙、银行卡和现金，要求医院和医生赔偿。

此事，家属和医院没有达成和解，只好由派出所出面调解。最后，在警方调解后，参与救治的医生凑齐 1000 元交给李先生的家属，才算了结。

这个事件在网络上引发热议，大家普遍感觉匪夷所思。因为绝大多数人都认为治病救人最重要，如果要求医生在抢救病人之前，先清点财物，岂不是将生命排在钱财之后了？难道在有些家属眼里，治病救人没有清点财物重要？救命之恩，没有“原物返还”重要？

法律适用

群众的眼睛是雪亮的。对于李先生家属的做法，网络上的质疑和抨击之声说明在大家的心目中，生命和财产的价值判断是符合人性常理的，法律的规定也就有了最坚实的基础。

医生在紧急情况下，救治病人，适用紧急避险的有关规定，这就好像消防员救火和警察解救人质一样，不能按照通常的侵权规则来考量。

“紧急避险”是指为了使国家、公共利益、本人，或者他人的人身、财产和其他权利免受正在发生的危险，不得已采取的紧急避险行为，造成损害的，不受或者减少接受法律追究。

医生在病人处于危急情况时，采取必要措施，积极抢救病人生命，使其能够脱离危险，属于典型的紧急避险行为。

正如前文所说，急诊医生为了挽救患者，避免其遭受疾病的侵害，而剪坏他的衣服是进行抢救的必需步骤。相对于生命来说，一套衣服的损害几乎可以忽略不计。

生命和金钱财产的价值衡量孰轻孰重，自然不必多说。法律这样规定也是体现了法律规定背后的价值取向，即，生命权高于一切，没有了生命，何来权利的享有。

律师讲解

此事的处理结果也是令人不解，既然是派出所出面，那么是非曲直总得有个说法，即便是医生护士凑钱给家属，也要明确，人家到底有没有责任？如果没责任，凑钱给家属，无非是息事宁人，就算道义资助。

如果有责任，那么适用哪一条，哪一款？如果真的有责任，那么，今后医生在抢救病人之前，是不是要先检查一下他们的衣服是什么牌子，剪坏了是否赔偿的起？还要检查一下他们的口袋里面有无手机、银行卡、现金，然后找家属来，清点清楚，做好记录并签字。待一切都妥帖后，再开始检查病人。

如果因此耽误了诊疗和救人，那么，所产生的后果又是谁来承担？由此可见，个案的不公平，或者不恰当，伤害的并非仅仅是当事人，而是今后类似情况的参与者。

李先生的家属得到了1000元赔偿金，而今后医生在救治病人时肯定会多留一个心眼，对病人财物进行登记，检查，这样做的不利后果估计也只能由新的病人承担了。

《民法典》相关规定的释义

在危急时刻，无论是为了救人撕毁外衣，还是为了解救人质导致的轻微擦伤或为了救火破门而入，都是为了避免生命遭受损害的、迫不得已的行为，毕竟在价值判断的天平上，生命远比财产重要得多。

对于这些负有特殊职责的职业来说，法律特别赋予他们不同寻常的权利，让他们免受追索，能够心无旁骛地履行自己的职责。

2021 年 1 月 1 日起实施《民法典》第一百八十二条规定：因紧急避险造成损害的，由引起险情发生的人承担民事责任。

第一百八十四条规定，因自愿实施紧急救助行为造成受助人损害的，救助人不承担民事责任。

第一百八十四条是此次《民法典》新增加的内容，目的是鼓励社会上见义勇为的自愿救助行为，让救人者打消被追责的顾虑，倡导良好的社会风气。

九、丧女母亲提出生命权纠纷之诉

2016 年 11 月 3 日凌晨，留日学生江某在寓所外被陈某杀害，而陈某是刘某的前男友，事发时，刘某因为和陈某闹分手而躲在江某的住所。在陈某刺杀江某的过程中，刘某不仅没有救助江某，而且没有为呼救的江某打开房门，导致江某无处躲藏，孤立无援，最终被刺身亡。

本案的刑事部分已经尘埃落定，因为案件发生在日本，所以，日本法院按照日本法律认定陈某为故意杀人，判处有期徒刑 20 年。对于刘某，法院认为没有证据证明其对江某之死负有直接或间接责任，她仅仅是本案证人，不负有刑事责任。

针对日本法院的刑事责任认定，国内的网友们表达了强烈的不满，因为刘某和江某同住，就是为了摆脱前男友的纠缠。当晚，江某独自面对尾随到住处的陈某，也是为了调解两个人的纠纷并劝说陈某离开。

所以，作为了解内情的证人，和引发事端的刘某，没有为江某提供应有的帮助，且放任江某面对前男友可能的风险，对于江某的死具有间接影响，是一个不容忽视的问题。

不过，刑事责任认定的过程中，需要证明行为人和受害者之间存在正相关的因果关系，仅仅是影响因素是不够的。因此，日本法院认为无法证明刘某的行为和江某之死存在因果关系，江某的死亡源于陈某的行凶，而非刘某的不作为。

刘某躲过日本法院的刑事追责，江某的妈妈只能求助于国内的法律。于是，时隔将近三年，江某的妈妈向女儿生前救助过的好友，刘某提出生命权纠纷之诉，要求其赔偿 203 万元。

此案已经由山东青岛法院受理，2020 年 6 月 5 日进行了庭前会议，被告本人和代理律师均未出席。6 月 30 日正式开庭审理。不过，这是民事案件，刘某的刑事责任已经被排除。

法律适用

《民法总则》第一百一十条规定，自然人享有生命权。

生命权是自然人享有的民事权益，而根据《侵权责任法》第六条的规定：行为人因过错侵害他人民事权益，应当承担侵权责任。根据法律规定推定行为人有过错，行为人不能证明自己没有过错的，应当承担侵权责任。

从本案已经披露的事实来看，刘某为了躲避前男友的纠缠和跟踪，躲在江某的住所里。而江某让刘某进屋，自己留在外面和刘某的男友理论。

这本身就证明刘某应该比其他任何人都清楚江某的处境。当江某的惨叫和呼救声响彻整个建筑物，而身处门内的刘某却无声无息时，不论刘某自己如何辩解，按照常理推定，大多数人都会觉得刘某是漠视了江某的生命，没有进行应有的救助。

因此，根据上述《民法通则》和《侵权责任法》的有关规定，当江某面对正在发生的危害生命的巨大风险时，了解内情且是始作俑者的刘某，既没有施以援手，也没有及时报警，放任伤害的发生，最终导致江某失去生命。

刘某的行为属于过失，根据我国法律规定，过失致人死亡行为是需要承担法律责任的。从这个角度看，江某妈妈对刘某提出的生命权纠纷诉讼案，胜诉的概率还是很大的。

不论法律规定，还是道德评判，都对刘某这种放任他人生命遭受伤害的行为给以制裁和谴责。

律师讲解

生命权的主体只能是自然人，生命安全是自然人的最高利益，生命的安全关注的是生命的存续问题，生命的安宁关注的是生命的存续状态问题。

虽然我们理解当时情境下，对于一个二十岁出头的女孩来说，心里肯定是极其恐惧的。一时不知该怎么做，也是人之常情。

但是，门外发生的事情，刘某并非毫无思想准备，因为陈某一而再再而三地威胁和跟踪，已经表现出来情绪的激动。所以，刘某才搬到江某的住处，也才要求江某到车站接自己回家。

当江某的呼救声传过来时，刘某怎么可能对门外的事情没有一点预判呢？退一步说，当门外平静下来，陈某已经逃走之后呢？刘某不应该推门看看发生了什么吗？

我们不知道刘某当时的想法，可是，我们知道，正是她的漠然和不作为，使得江某丧失了获得救助的最佳时间，一个鲜活的年轻生命，因为刘某的怯懦和自私而离开人世。

综上，我国法律在追究责任的时候，原则上采用过错责任原则，即，一个人只有主观上存在过错才承担侵权后果。而过错分为故意和过失两种。

过失是指行为应当注意，或者能够注意危害的发生，而没有注意，导致危害结果。

本案中，刘某的过失是明显的，即，刘某在明知江某的生命在遭受巨大威胁并已经面临危机的时候，没有对这种危害给予应有的关注并采取措施，反而放任危害结果的发生，采取不作为的举动，使得江某丧失获得救助的机会，导致死亡。

《民法典》相关规定的释义

2021 年 1 月 1 日起实施的《民法典》将“人格权”单独成编，足见民法典对人格权保护力度的增加。

而生命权是人格权的重要组成部分，是自然人享受其他权利的基础和先决条件。

笔者撰写本文的时候，本案正在审理过程中。虽然法院的最终判决我们无法预先确定，但是，根据现有法律规定，刘某在江某之死事件中，存在明显的过失，却是毋庸置疑的。

刘某在江某面对生命威胁时，没有尽到一个普通人应有的注意义务，更没有采取相应的措施。因此，笔者认为刘某对江某的生命权构成侵害，应当承担相应法律责任。

法律规定行为人的过失责任，就是要求社会上的每一个人对于他人遭受的危险给予必要的合理注意，从而在个人自由和社会安全之间构建平衡，维护整个社会的秩序和所有人的安全。

十、幼儿园里的监控摄像头，伤害了谁？又成全了谁？

尽管几年前，出于安全和管理的需要，很多学校和少数家庭中就安装了摄像头，但是，2020 年却让网络摄像头监控问题变得异常引人关注。

因为疫情防控，不仅正规学校的课程要通过网络进行，孩子们的课外辅导班也采用线上方式。家长陆续复工后，孩子们还在家接受网络授课。很多家长对于孩子们在家的学习情况不放心，总想着要随时监督和提醒一下。所以，越来越多的家庭安装了摄像头，以此作为家长监督和了解孩子学习情况的工具。

但是，秋季新学期伊始，2020 年 9 月 2 日，江苏警方就接到一个 16 岁少年的报案，称自己的父亲在自己的房间里安装了摄像头，涉嫌侵犯自己的隐私权，要求警方给予处理。面对儿子的指控，这位父亲的回答竟然是："你一个小孩子，有什么隐私需要保护？"

而根据 2019 年的一项调查显示，高达 90% 的被采访初中生对于父母在家里安装摄像头的行为不认可，感觉"被监视，不自由"。现实中，不仅初中生被家庭摄像头监控，小学生，甚至幼儿园的小朋友都难逃监控。

那么，广泛安装于学校和家庭中的摄像头，到底是否合法？是否会侵害孩子们的隐私权呢？

法律适用

目前流行的学校和幼儿园安装摄像头的情况。

针对学校和幼儿园中安装摄像头，有人提出反对意见，认为这是对老师和幼儿隐私权的侵犯。

但是，从目前现行的国内的法律规定上看，这个观点其实有点牵强。因为国内的法律并没有明确的“隐私权”的概念，相关权利是通过对人格尊严、名誉权等相关权利的保护来体现的。

在学校和幼儿园的教室、活动场等公共场所安装摄像头并不违反法律。但是，不违反法律，不代表就是适当的，其中涉及的重要问题，比如，谁有权安装、出于什么目的安装、谁有权查看、获得的信息资料如何使用，都是需要探讨的问题。

家长在家中安装摄像头的情况。

家长基于安全和管教的目的，在孩子的房间里安装摄像头，实时监控孩子的学习和起居情况，则涉嫌侵犯孩子的隐私权。

因为孩子的房间通常兼做书房和卧室的，所以，他们的房间是自己的私密空间，有权不让任何人偷窥，包括父母。特别是对于 8 岁以上的限制行为能力人，他们总归有一些和年龄匹配的、纯属个人自由意志的举动。

根据现行民法的有关规定，人格权是每个人一出生就享有的，而其中的人格尊严、名誉权、健康权、生命权等是人格权的重要组成部分。

试想，一个十几岁的女孩如果知道自己在卧室中的一举一动都没逃过父母的视线，她会是什么感受？她还能在父亲面前举止自若吗？她不会感到难为情吗？这种被监视、被冒犯的感觉，极大地伤害了孩子们的人格尊严。

即便是现在对隐私权的保护还比较薄弱的大环境下，父母们的这番操作，也是不合适的，有侵权的嫌疑。

2016年，曾经有16岁的男孩发现自己在家里被监控而报警。这个父亲居然还振振有词地说："我是他爸爸，我当然有权知道他在房间里干什么。"这样的教育理念，哪里是在教育孩子，分明是将孩子当作宠物或罪犯来对待。

律师讲解

除了法律上的侵权嫌疑之外，其实还有很多技术上的风险，需要关注。家长们必须在监控孩子和防范网络风险之间做出选择。

比如，近些年很流行的幼儿园远程监控平台，通过手机APP或者网页供家长实时查看幼儿园内视频图像。

如此监控，益处太有限，弊端却一大堆，完全得不偿失。

弊端一，被禁锢的热情。

首当其冲是幼儿园的老师们。这非常好理解。试想一下，自己工作的时候，即便是领导，要全程盯着你看你也会浑身不自在吧，何况是几十双眼睛。

老师们如果要每天面对这样的压力，长此以往，只得处处谨小慎微，多一事不如少一事，不求有功但求无过，这真的是爱孩子的家长们希望看到的结果吗？

弊端二，不能靠监控完全杜绝虐童现象。

也有人说，我们是因为总听说有不负责任的老师伤害到孩子，甚至出现虐童事件，不盯着不放心。可惜，不负责任的人，不会因为有摄像头照着，就变成负责任的人，只会变成假装负责任的人；真有虐待孩子想法的人，找个监控死角太容易了，卧室、洗手间都可以——要把这些地方都纳入监控范围可就真的违法了。所以说，实时监控，对于现实的恶意毫无防御力，却真正误伤了大把的热情。

弊端三，被干扰的童年。

如果孩子们回家后，他所说、所演的东西，你都已经在监控视频里看过了，此时你会给他什么样的反应呢？还会有开心和惊喜吗？还是只有淡然或者忽视。不要说你可以表现得像第一次知道一样，发自内心的情绪无法伪装，而你面对的，是世界上最最敏感的，孩子的心，你的真实想法休想逃过他的眼睛。如果他们在家长那里得不到对于学校或幼儿园活动的积极反馈，那么，他们就会失去上学的兴趣，失去和家长分享快乐的兴趣。结果是，家长们想通过监控多了解孩子，到头来，却是和孩子们渐行渐远，无法交流。

弊端四，被觊觎的信息。

如果说老师的感受、孩子的感受都是因人而异，不可一概而论，接下来要说的，则是所有相关人都不得不面对的，客观实际的问题——信息泄露。

互联网并不安全，处处隐藏着风险，这一点已经逐渐被公众所认识。

监控平台自然有身份认证机制，要输入口令，或者短信验证码等，才能看到视频。但是，安全是相对的，风险才是永恒的。信息安全防护是个庞大的体系工程，可不是设个口令发个短信这么简单，既要对付黑客，又要对付内鬼，还要考虑不清楚的相关操作人员。幼儿园远程监控平台这类新兴的非主流互联网应用，其安全防护能力说是不堪一击也不为过。

原本是孩子私密的学习生活画面，被挂到互联网上被成千上万不相干的人围观、点评，满足看客的好奇心和窥视欲。如果自家孩子也出现在直播画面上你会是什么样的心情？直播平台、学校、家长、学生之间的权责不清楚，分享方式设计不合理，就已造成严重的个人信息泄露后果。

假如有人有意窥探又当如何？个人信息买卖因为市场需求大，已经形成完整的地下产业链。只要有足够的利益驱使，就一定有人不惮法律罔顾道德铤而走险。幼儿园、学校的视频监控，可能包含孩子的姓名、体貌特征、行为习惯、幼儿园地址，信息量巨大，谁又知道，我们孩子的监控视频，会不会被什么人惦记上了呢。

《民法典》相关规定的释义

2021 年 1 月 1 日起实施的《民法典》第四编为“人格权”，第九百九十条规定隐私权是人格权的组成部分，这一点和以前民法中对于隐私权的模棱两可不同。

第一千零三十二条规定，自然人享有隐私权。任何组织或者个人不得以刺探、侵扰、泄露、公开等方式侵害他人的隐私权。

隐私是自然人的私人生活安宁和不愿为他人知晓的私密空

间、私密活动、私密信息。

第一千零三十三条明确规定，除法律另有规定或者权利人明确同意外，任何组织者或者个人不得实施下列行为：

（一）以电话、短信、即时通信工具、电子邮件、传单等方式侵扰他人的私人生活安宁；

（二）进入、拍摄、窥视他人的住宅、宾馆房间等私密空间；

（三）拍摄、窥视、窃听、公开他人的私密活动；

（四）拍摄、窥视他人身体的私密部位；

（五）处理他人的私密信息；

（六）以其他方式侵害他人的隐私权。

由此，我们可以明确一点，《民法典》对于自然人隐私权的保护力度空前增加了，以前模糊的概念和措施都被清晰的内容替代了。

家长未经孩子的同意在其卧室等私密空间安装摄像头，监控孩子的起居，就是侵害了孩子们的隐私权。

隐私权是自然人享有的权利，是人格权的一种，出生即有。因此，虽然孩子们是未成年人，父母作为法定监护人有权代行权利，但是，人格权与个体存在依附关系，谁也不能剥夺，即便是父母，也无权替代权利的行使。

十一、招聘单位要关注“不正当竞争”的紧箍咒

小西曾经任职于某大型在线房屋中介公司，担任销售和市场总监职务。三年后的2016年，小西从该公司离职，跳槽到另外一家初具规模的在线房屋销售代理公司。

半年之后，小西就接到了劳动仲裁委员会的传票，他和新公司都被原来的公司告上法庭，理由是违反原来劳动合同中的“竞业禁止”条款，应当连带承担违约金和赔偿金人民币260万元。

小西赶紧找出来原来的合同，以及当初办理离职交接时的文件。新公司也找到他了解情况，他们认为自己莫名其妙地当上被告很冤枉，这些纠葛应该是小西自己跟原来的公司交涉解决，新公司不应当承担责任。

但是，小西手里保存的资料所显示的情况并不乐观：

他当时的确和原公司签署有“竞业禁止”条款，约定离职两年内不得在相同或类似性质的公司入职。否则，小西要承担违约金和因此给原公司造成的损失。

另外，原合同中还约定有“保密条款”，要求小西在原合同解除后的五年内，不得向任何单位或个人透露在原公司接触到商

业秘密和信息。

如今，小西自己知道，他不仅违反了“竞业禁止”条款，未满两年即入职和原公司类似的企业，而且在工作中频繁透露和使用了原公司的客户资料和管理技术。“不过，这些情况新公司是了解的，说他们无辜，和事实不符。”小西说。

法律适用

小西作为原公司的高端管理人员在入职的时候，和原公司签署《保密协议》或者《竞业禁止协议》，并不违反法律规定，合法有效，对双方均有约束力。

根据《劳动合同法》第九十一条的规定，用人单位招用与其他用人单位尚未解除或者终止劳动合同的劳动者，给其他用人单位造成损失的，应当承担连带赔偿责任。

因此，本案中，即便是新公司不了解小西和原单位的劳动合同内容，他们当初聘用小西的时候，对他的商业价值也是非常清楚的。小西在工作中为新公司提供的客户信息和技术信息节省了他们的开发经费和技术支出，客观上帮助新公司的发展，增强了新公司的竞争力。

基于这样的考量，原公司要求新公司和小西共同承担违约和赔偿责任，也是合情合理的。

本案经劳动仲裁委和法院三次审理，最终，法院支持了原公司的诉讼请求，但是，因为原公司提供的有关赔偿金的证据不充分，被酌减了部分赔偿金。小西和新公司共同承担违约和赔偿责任 150 万元。

律师讲解

小西和原公司之间的协议里面都约定，管理人员对于公司要承担的忠诚义务和保密义务，不仅在劳动合同履行期间如此，而且在劳动合同解除后的一段合理时间内，也必须如此。这个合理期限通常是两年。

不过，法律上遵守权利和义务对等原则，在履行上述协议的过程中，如果用人单位要求劳动者履行“竞业禁止”和保密义务，那么，用人单位应当给予劳动者经济补偿。补偿的标准是合同解除时，劳动者前12个月工资的30%。经济补偿可以按月发放，也可以一次性支付。如果工作的30%低于当地最低工资标准，则按最多的工作标准计算。

换言之，如果原公司没有向小西支付经济补偿金，那么，他们也就无权要求小西履行这些协议。但是，小西在离职时，一次性获得了“竞业禁止”补偿金。因此，原公司要求其履行“竞业禁止”和保密义务，有法律依据，也有合同依据。

鉴于目前高级人才炙手可热，技术日新月异，所以，掌握核心技术和商业信息的技术人员也成为签署《保密协议》或《竞业禁止协议》的员工，也就是说，现在需要向公司承担忠诚义务和保密义务的雇员种类增加了，不限于管理人员了，技术人员也可能是有保密义务的人。

高级管理人员或者核心技术人员跳槽，通常都是因为被其他类似公司看中，高薪挖走，为我所用，以期能够在竞争中胜出。

不过，一旦这样的做法被查实，新单位除了按照《劳动合同法》的规定和员工共同承担违约和赔偿责任之外，还可能面临刑事犯罪责任，比如《刑法》中规定“侵犯商业秘密罪”。

因此，用人单位在聘用新人的时候，务必要进行严密的背景审查，避免出现被迫承担连带责任，甚至刑事责任的风险。同时，企业也要端正态度，不要想着挖墙脚来实现人才和技术的积累。这样做的风险太大，到头来很可能是为自己带来一地鸡毛。

相关法律规定释义

与本案关联最紧密的是《劳动合同法》第九十一条的规定，用人单位招用与其他用人单位尚未解除或者终止劳动合同的劳动者，给其他用人单位造成损失的，应当承担连带赔偿责任。

“恶意挖人”是否构成不正当竞争，是本案的另外一个争议焦点，如果成立，那么，新公司要承担更多的法律责任。但是，根据我国《反不正当竞争法》第九条的规定，只有在经营单位存在侵害商业秘密的情况下，这种“挖人”行为才构成不正当竞争，也才符合该法惩罚的情况。

《反不正当竞争法》第九条规定，经营者不得实施下列侵犯商业秘密的行为：

（一）以盗窃、贿赂、欺诈、胁迫、电子侵入或者其他不正当手段获取权利人的商业秘密；

（二）披露、使用或者允许他人使用以前项手段获取的权利人的商业秘密；

（三）违反保密义务或者违反权利人有关保守商业秘密的要求，披露、使用或者允许他人使用其所掌握的商业秘密；

（四）教唆、引诱、帮助他人违反保密义务或者违反权利人有关保守商业秘密的要求，获取、披露、使用或者允许他人使用权利人的商业秘密。

经营者以外的其他自然人、法人和非法人组织实施前款所列违法行为的，视为侵犯商业秘密。

第三人明知或者应知商业秘密权利人的员工、前员工或者其他单位、个人实施本条第一款所列违法行为，仍获取、披露、使用或者允许他人使用该商业秘密的，视为侵犯商业秘密。

本法所称的商业秘密，是指不为公众所知悉、具有商业价值并经权利人采取相应保密措施的技术信息、经营信息等商业信息。

十二、换脸游戏，你玩过吗？

2019年，有一款火爆网络的换脸APP引发各方关注，这款游戏只需用户一张照片，就能满足用户想当影视剧角色的愿望，让演员的肖像变成自己的脸。

就在喜欢尝鲜的人们忙着下载和注册，沉浸在游戏的欢乐中的时候，其他一些人却发现这款游戏存在潜在的风险。目前虽然还没有这方面的纠纷和案例，但是，这些发现法律风险的人绝对给玩换脸APP游戏的人提了醒。

参与这个游戏或者类似游戏之前，每一个人都需要在手机上下载游戏APP程序，过程中，会有一个《用户服务协议》要大家填写。协议中的条款内容看上去稀松平常，但是，里面暗含的风险并不少，比如，涉嫌霸王条款侵害消费者权益问题，个人隐私泄露和被盗用的风险，等等。

法律适用

《消费者权益保护法》中明确约定消费者有选择权，除法律规定或双方另有约定。

在很多换脸游戏APP中，都存在自动勾选、默认同意的条款。这些条款都存在侵害消费者选择权的嫌疑。用户协议中自动勾选、默认同意的设置涉嫌霸王条款。

霸王条款是指经营者制定的、有违公平交易、减轻自身责任义务或限制消费者权利的、不能更改的条款。

因此，这些自动勾选和默认同意的条款其实剥夺了消费者的选择权，涉嫌APP运营方规避自身责任，加重用户义务，涉嫌霸王条款。

根据《民法总则》和相关法律法规的规定，肖像权是重要的人身权利，如果用户同意APP运营商使用自己的肖像，则可能会存在被盗用的危险。

随着人脸识别技术越来越广泛的应用，肖像已经成为类似于身份证、密码、指纹的重要身份信息，因此，我们要有保护自己肖像的意识。

虽然用户上传的肖像是否会被第三方盗用，还不是太明确，但是，文件，包括肖像上传过程中，服务器都会有记录，完全做到加密，不会泄露或被盗，是不可能的。

现行司法实践中，已经不将营利作为肖像权侵权的必要条件了，因此，仅仅是为了好玩进行的换脸游戏，也可能构成侵权。

肖像权是自然人人格权的重要组成部分，受到法律保护。而且近些年，随着司法实践的发展，和保护自然人的精神权利的深入，肖像权的侵权认定不再以营利为目的作为一个构成要件，也就是说，只要未经肖像权人同意，擅自使用他人肖像，都可能被认定为侵权。

换脸游戏APP中，如果他人盗用你自己的脸，用于网约车司机人脸认证，则不仅违反网约车管理规定，而且也侵害了你自己的肖像权。

而用户可以将影视剧中明星的脸，换成自己的肖像，这样做，就破坏了影视剧作品的完整性，可能受到影视剧著作权人的侵权指控。

当然，这里面不可控的法律风险其实远远不止这些。

律师讲解

虽然《用户服务协议》中的自动勾选或默认同意条款涉嫌霸王条款，但是，对于是否真正构成霸王条款，还需要市场管理部门或法院来做判断。

因为霸王条款的认定，不是消费者自己说了算的，还要有关主管部门或执法部门或司法机关来做最后的判断。这个过程势必耗时费力，成本比较高。大家对此要有明确的认识。

个人肖像已经成为了和指纹、身份证号码等同等重要的个人信息，在个人信息非法买卖的黑色链条中占有重要份额。根据《个人信息安全规范》的规定，收集个人敏感信息时，应当取得个人信息主体的明示同意。

因此，参与游戏的人们对此应有足够的法律和安全意识。

另外，2019年5月中央网信办出台了《APP违法违规收集使用个人信息行为认定方法（征求意见稿）》，明确要求APP要通过弹窗、链接等方式提示用户阅读隐私政策和文本，人脸采集等敏感个人信息要在协议开头做出特别提示。

这些规定都从法律层面上降低和规范了运营商收集个人信息的方法和手段。但是，新技术层出不穷，法律和安全措施总是落后于此，这就是需要我们每一个人都要具备自我保护意识，并与时俱进，保持警惕，不要做了技术漏洞的牺牲品。

《民法典》相关规定的释义

2021 年 1 月 1 日起实施的《民法典》中肖像权单独成为一章，第四编第四章。这是以前从来没有过的。可见，肖像权的重要，和法律对此的重视程度。

该法典第一千零一十八条第一次对肖像进行了定义，即，肖像是通过影像、雕塑、绘画等方式在一定载体上所反映的特定自然人可以被识别的外部形象。

因此，自然人才是肖像权的主体，有权依法制作、使用、公开或许可他人使用自己的肖像。（见该法典第一千零一十八条第一款）。

该法典第一千零一十九条规定，“任何组织或个人不得以丑化、污损，或者利用信息技术手段伪造等方式侵害他人肖像权。未经肖像权人同意，不得制作、使用、公开肖像权人的肖像，但是法律另有规定的除外”。

另外，是否盈利，已经不是认定肖像权是否被侵害的必要条件。因此，无论是谁，只要未经肖像权人同意，制作、使用或公开了他人的肖像，就都可能面临侵权责任。

唯一的免责就是肖像权人的同意。这下，大家都应该明白，填写《用户服务协议》时，对于肖像的使用或者公开的自动勾选或默认同意条款的风险有多大了吧？

十三、QQ 账户可以继承吗？

王女士的爱人徐先生，因为一场车祸意外身亡。在处理后事的时候，王女士发现徐先生曾经注册过一个 QQ 账号，里面保存有很多照片、生活记录等个人资料。

为了缅怀亡夫，王女士打算把这些照片和文字收集起来，作为资料保存。可是，她不知道 QQ 账号的密码，无法进入账号操作。于是，她就以徐先生法定继承人的身份，向 QQ 账号的运营商腾讯公司提出申请，要求他们提供密码。

没想到，腾讯公司以 QQ 账号并非徐先生的财产，不得继承为由，拒绝了王女士的要求。此事经过网络新闻报道之后，引起了激烈的讨论。因为我国法律对于网络虚拟物品、财产和权利的规定匮乏，所以，支持王女士的大有人在，同时，支持腾讯公司的人也不鲜见。

那么，到底该怎么考虑和认定相关事实和规定呢？王女士能否得到亡夫的 QQ 账户密码呢？她是否有权继承徐先生 QQ 账户和里面的照片等资料呢？

法律适用

我国现行法律中，对于网络虚拟账号、物品和财产的规定是空白，目前都是根据各大网络运营服务商和用户的协议来执行。

比如，注册QQ账号时，腾讯公司明示，QQ账号的所有权属于腾讯公司，初始申请人享有使用权。未经腾讯公司许可，初始申请人不得赠予、借用、租用、转让和售卖QQ号码，或者以其他方式许可其他主体使用QQ号码。

网络运营服务商制定的这些规则，也是基于互联网技术发展和相关理论的探讨，即，在法学界对于网络虚拟财产的概念和范围都没有形成统一的意见的前提下，考虑到无论是QQ账号，还是微信账号、微博账号等网络即时通信产品，皆是网络运营商开发出来的，用户只不过在运营商提供的平台上进行了注册，按照程序要求和规则使用而已。

因此，为了平衡用户和网络运营服务商的利益，将网络虚拟财产的所有权归属于后者，可以有效保护产业的发展，提升服务质量，让更多人受益。

但是，伴随网络虚拟技术的发展，虚拟财产的内容和形式也在变化，从原来单一的即时通信工具，慢慢演变成了带有个人属性和特征的网络虚拟空间，其中不仅有照片、文字，还有“游戏装备”，Q币，电子邮箱等。

这些和个人身份相关的网络虚拟财产是否可以和其他财产一样被继承？或者被转让？被赠予？现在，国内的法律均无明确的规定。

律师讲解

由于缺少法律的规定，所以，对于腾讯公司来说，根据协议，他们认为徐先生不享有QQ账号的所有权，与之相伴相生的权利也不属于徐先生所有。这一点，从法律上看，倒也无可厚非。

另外，作为一家企业，腾讯公司其实是缺乏有效的手段去验证王女士提供的夫妻关系证明或继承人身份是否属实的。因此，他们拒绝王女士的要求也是迫不得已。

如果王女士认为QQ账号中的信息资料带有徐先生个人属性，属于他个人所有（很多网友支持王女士，也是基于这个理论），那么，我们就必须搞明白，徐先生的个人属性的虚拟财产是否能够像其他财产一样，由法定继承人继承？

现行《继承法》中没有相关规定，碍于虚拟财产的特殊存在形式和性质，我们也无法套用有形财产的规定。

如果想解决此事，王女士目前最好的办法就是到法院起诉，要求以继承人的身份获取密码，得到QQ账号的密码，以便收集里面的资料信息。

由于法院是国家司法机关，所以，它有权力和方法来证明王女士的继承人身份，从而可以说服腾讯公司配合提供密码。

但是，要强调一点，即便是王女士胜诉了，也仅仅是她获得了徐先生账号的使用权，其所有权仍然是腾讯公司的。

《民法典》相关规定的释义

即将于2021年1月1日实施的《民法典》对于网络虚拟财

产的概念仍然未做规定，也没有就其是否可以继承给出明确意见。这不得不说是一个遗憾。

不过，该法典第一百二十七条规定，法律对数据、网络虚拟财产的保护有规定的，依照其规定。

此条内容为未来针对网络虚拟财产的立法规范预留了空间。因为网络发展迅速，其相关权益的产生和扩展也存在发展迅速、不稳定的特征，所以，作为需要相对稳定性的法典来说，不宜直接就此制定规则。

制定相关单行法规来解决这方面的问题和争议，是比较科学可行的方法。

另外，该法第九百九十四条规定死者的姓名、肖像、名誉、荣誉和隐私权等都受法律保护，如果有人侵害，死者的近亲属有权提出索赔。

因此，在法律尚未对网络虚拟财产做出明确规定的情况下，死者的近亲属可以依据此条规定，对于网络运营服务利用所掌握的网络虚拟财产信息，侵害死者权益的行为提出法律诉求。

当然，这是侵权之诉，并非解决虚拟财产继承或使用问题。随着《民法典》的正式实施，有关争议的积累和讨论的增加，未来肯定会出台针对此问题的权威规定。

第三篇　老年人权利保护

一、老人留下遗嘱，让保姆继承房产，儿女能反对吗？
二、老人留下两份遗嘱，到底哪一份有效？
三、爷爷奶奶要把房子赠予孙子，应该提前得到子女的同意吗？
四、再婚那些事儿：一方去世后，房产怎么分？
五、公婆的拆迁补偿款，儿女能分一杯羹吗？
六、老人在养老院被殴打昏迷，养老院该负什么责任？
七、父母“常回家看看”的要求，是子女必须履行的精神赡养义务
八、侄女为独身的姑姑养老送终，能继承姑姑遗产吗？
九、看不到孙子就抢，这也是绑架
十、爷爷奶奶向孩子的父母索要“带孙费”，有法律依据吗？
十一、一趟海外体检之旅，险些赔进去老人的一套房子
十二、“以房养老”的误读很常见，老人们千万要小心

一、老人留下遗嘱，让保姆继承房产，儿女能反对吗？

王女士得知母亲去世后，马不停蹄地返回北京，她已经定居加拿大快二十年了。上一次回家看望母亲还是大概九年前。

在姨妈和表姐妹们的帮助下，料理完后事之后，王女士开始整理母亲的遗物。这时，一直照顾母亲的保姆张姐拿出一张纸给王女士，说是母亲的遗嘱。王女士有些诧异，接过来一看，她就更加意外了。

“什么？我妈妈把房子让你继承，只给我留了几十万存款？”王女士高声质问保姆张姐。

“嗯。”张姐慢吞吞地回答，“阿姨说我照顾她这么多年，挺辛苦的，而且我离婚了，回老家也没地方住。她就把房子给我了，让我继续住。”

“她知道这房子多少钱吗？她真是老糊涂了，这不可能是她的想法。你骗人！”王女士情绪有点儿激动。

“大姐，你这么多年都没回来，最多就是打打电话，视频一下，阿姨不喜欢这样。”张姐的嗓门也提高了，“她说过，养儿不防老，亲闺女还不如我这个外人。”

王女士没想到张姐竟然如此抢白她，惊讶得睁大了眼睛，“你说什么？”

“十年来，阿姨大病过三次，住院的时候，您都没回来，就是寄过来一两万块钱，阿姨不需要钱，她想看见您。可是，您总是忙啊忙的，上次病危，医生让家属签字，您的电话就是打不通，当时有多着急，您知道吗？阿姨能被抢救回来，都是运气。结果呢？您连一句解释都没有，还责怪阿姨平时不注意身体，花了那么多钱治病。”

王女士听张姐这么说，气得脸色铁青，一句话都说不出来。

“就是这件事之后，阿姨的话明显少了，精神差了，后来就写了这个遗嘱。”张姐顿了顿，“阿姨遗嘱里的内容和楼长、居委会的李主任都说过，她们都见证签字了。我没骗人。”

王女士和张姐的谈话不欢而散。她和远在加拿大的丈夫沟通过之后，决定暂时留在北京，用法律的手段推翻遗嘱，拿回房子。而保姆张姐则回了老家，看望她的母亲，为以后常住北京做一些准备。

不过，此事的结果最后是让人大跌眼镜的。

法律适用

继承，是将死者的财产和其他合法权益转移给其他有权获得这些财产和权益的人，而这些人是以血缘或婚姻关系来确定的。

因此，继承只发生在有血缘或婚姻关系的人员之间。

而像上述案例中，这种将财产遗留给非继承人的行为，在法律上叫“遗赠”，立遗嘱的老人是“遗赠人”，这个获得财富的保姆就是法律上的“受遗赠人”。

老人有权自行处置自己名下的财产和其他合法权益，他们订立遗嘱，将自己的财产全部或部分地留给照顾过自己的保姆，是老人真实意思的表达，合法有效，任何人都应该遵守。

不过，因为是接受遗赠，所以，法律规定了一个特殊的程序，即，受遗赠人必须在老人去世后，两个月内明确表示自己接受或放弃遗赠，逾期未做任何表示的，就视为放弃遗赠。对于这一点，受遗赠人要特别留意。

这一点和继承的规定是完全相反的，即，继承开始后，如果继承人没有明确地表示放弃继承，都被视为接受继承。

本案中，如果张姐返乡时间过长，超过两个月没有向有关人员明确表示接受遗赠，那么，她的权利很有可能就被视为放弃了（上海发生过类似案例，保姆因此丧失受遗赠财产）。

什么是明确的表示呢？比如，她在公开场合向王女士表示接受遗赠，而并非只有两个人在场的时候。或者，她向遗赠见证人楼长和李主任表示接受遗赠。这些做法都可以被认为是明确表示。

或者，如果王女士针对推翻遗嘱的诉讼在老人去世后两个月内开庭，张姐在法庭上向法官表示接受遗赠，也是可以的。

不过，估计王女士长居海外，应该比较重视法律规定，她不会创造这样的条件，给张姐明确表示的机会的。

律师讲解

对于老人将财产留给保姆这样的事情，老人的子女表示反对的方式之一，就是利用遗赠表示期这样的规定。很多获得遗赠的人不了解这个规定，导致丧失权利。

另外，如果老人的遗赠行为，处分了非老人自己的财产，导致遗赠无效，也是老人的子女经常提出的抗辩理由，用以对抗保姆的权利。

本案也存在这样的问题：

首先，房子是王女士父母的夫妻共同财产，而王女士的父亲先于母亲去世，那么，房产的50%份额应该就是父亲的遗产，由王女士和母亲共同继承。两个人各占一半，王女士拥有房产的25%产权，母亲拥有75%产权。

其次，当王女士的母亲订立遗嘱的时候，她只有权利处分自己名下的75%的份额房产，如果她把整个房子都处置了，那么，她就侵害了王女士的权利。王女士有权主张母亲超出份额的处分无效。

再次，根据现行《继承法》的规定，王女士母亲的遗嘱如果没经过公证，那么，遗嘱必须符合法律规定的形式。如果张姐的话属实，那么，王女士母亲的遗嘱应该是代书遗嘱，无利害关系的楼长和李主任见证签字，符合法律的要求。

综上，从遗赠明示表示期的要求和遗嘱内容存在无权处分情况的两方面来看，王女士对遗嘱提出异议有法律依据。

此事，在张姐返乡后三个多月后开庭审理，因为张姐没有在两个月内明示接受遗赠，同时，因为王女士的母亲处分了不属于她的25%份额的房产，所以，遗嘱无效，张姐丧失了受遗赠财产，老人的遗产按照法定继承的规定由王女士继承。

不过，考虑到张姐对老人多年照顾的情分上，法院调解，王女士给张姐十万元的经济补偿，表示感谢。

规定遗赠明示表示期的法律原则在于，“法律不保护权利上的沉睡者”。意思是，法律不保护怠于行使自己权利的人。一个人如果自己不知道自己的权利有哪些，也对自己的权利不关心，不想办法进行维护，那么，他就不能指望法律会主动给予保护。

《民法典》相关规定的释义

2021 年 1 月 1 日起实施的《民法典》第一千一百二十四条第二款沿用了现行《继承法》第二十五条的内容，只是微调了明示表示期，将原来的“两个月”修改为“六十天”，更加精确。

《民法典》将遗嘱形式修改为：自书遗嘱、代书遗嘱、打印遗嘱、录音遗嘱、口头遗嘱和公证遗嘱六种形式。增加了打印遗嘱形式。

特别值得注意的是，《民法典》第一千一百四十二条和《继承法》第二十条有较大变化，即，《民法典》不再规定公证遗嘱具备高于其他形式遗嘱的效力，不论遗嘱形式如何，立遗嘱人都有权随时变更和撤回，充分尊重立遗嘱人的自由意志。

二、老人留下两份遗嘱，到底哪一份有效？

88 岁的陈奶奶去世了，办完丧事之后，四个儿女开始整理她留下的遗物。一直在陈奶奶身边照顾她的大儿子，陈老大，拿出一份遗嘱给弟弟妹妹看，说这是母亲去世前三个月亲笔书写的遗嘱，还配有一段录像带，陈奶奶在录像里亲口说，要把自己名下的房子全部由陈老大继承，养老金和存款由四个儿女平分。

看到这个遗嘱和录像，其他三个人当即表示反对，陈老二说，母亲 80 岁时曾经做过一个公证遗嘱，里面明确表示房子是四个人平分，养老金和存款都归老大，因为考虑到他多年照顾母亲，很辛苦，其他弟妹也都同意。

可是，现在这个遗嘱不仅没公证，而且内容还完全颠覆了以前的安排，让大家无法接受。因此，除了陈老大，其他人都不同意按照现在这个遗嘱办理，吵吵闹闹了好久，最后，陈老大拿着母亲的第二份遗嘱告到法院，要求按照遗嘱内容分割母亲的遗产。而其他三个人不甘示弱，反诉要求按照公证遗嘱办理。

面对两份遗嘱，到底法院会作何解释呢？

法律适用

根据《继承法》第二十条的规定，遗嘱人可以撤销、变更自己所立的遗嘱。立有数份遗嘱，内容相抵触的，以最后的遗嘱为准。自书、代书、录音、口头遗嘱，不得撤销、变更公证遗嘱。

因此，根据此条规定，即便是陈奶奶后面所立的遗嘱符合法律规定的内容和形式，但是因为不是公证遗嘱，也就无法推翻公证遗嘱的内容，陈老大手里的遗嘱和录像都无法变更原来公证遗嘱的内容。

本案的审理结果只能是按照原来的公证遗嘱处理老人的遗产。

如果此案是在2021年1月1日《民法典》实施后才立案的，那么，陈老大面临的局面则将完全不同，因为《民法典》删除了原来《继承法》中有关不得撤销、变更公证遗嘱的规定，所以，有数份遗嘱时，以最后时间的遗嘱为准。

律师讲解

《民法典》第一千一百四十二条之所以对原来《继承法》第二十条做了较大改动，原因在于充分尊重立遗嘱人的真实意思表示，体现民法中倡导的意思自治的原则。

现实中，由于原来的继承法赋予了公证遗嘱最高的法律效力，即便是立遗嘱人自己后来改变主意，重新代书或自书遗嘱，都不能改变其内容，极大地阻碍了立遗嘱人行使自己的权利，表达自己的真实意思。

本案中，陈奶奶改变公证遗嘱内容，是因为从80岁到88岁去世期间，大儿子和儿媳对她关爱体贴，照顾得非常好，任劳任怨。相比之下，其他三个儿女却显得薄情寡义，不仅很少来看望她，而且连她生病住院的费用都不愿意分摊，小女儿还把她医疗保险的费用占为己有。

另外，陈老大自己身体不好，常年服药，经济条件很一般。作为母亲，陈奶奶其实也想用自己的最后一点力量去帮一帮大儿子。这些想法，她都在遗赠和录像里面说明了。

因此，如果按照《民法典》的规定，只要陈奶奶的后一份遗嘱符合法律规定，那么，这份遗嘱就具备法律效力，遗产处理时以这份遗嘱为准，原来的公证遗嘱就失效了。

目前我国公证机关对于公证遗嘱的制作和出具设定有比较复杂和苛刻的条件，导致很多高龄老人无法做公证遗嘱。因此，《民法典》给予其他形式的遗嘱以平等的效力，鼓励、认可和保护老人真实意思的表达，增强了对老人的保护，体现了诚信、公平的原则。

《民法典》相关规定的释义

1、《民法典》不仅对各种形式的遗嘱的效力进行了改动，而且，第一千一百三十四至一千一百三十八条对遗嘱的形式也有改动，顺应现实情况，增加了打印遗嘱。

《民法典》第一千一百四十二条第二款也是重要变化，即立遗嘱后，遗嘱人实施和遗赠内容相反的民商事法律行为的，视为对遗嘱内容的撤回。

这一款内容可以帮助那些立完遗嘱后改变主意，却无力或无条件再次立遗嘱的遗嘱人，帮助他们用实际行动来表达自己的真实想法，不再拘泥于书面文字的内容，充分体现了对立遗嘱人的尊重。

三、爷爷奶奶要把房子赠予孙子，应该提前得到子女的同意吗？

石奶奶有一儿一女，都已经是年过五旬的人了。外孙和孙子都在上高中，为了上学方便，儿子一家三口将自己的两居室出租了，一直住在石奶奶单位分配的小两居里，距离市中心的学校只有两站地。

石奶奶则和女儿一家住在一起，位于北京大兴区的开发区，这里环境好，房子也大。

过 85 岁生日那天，儿媳妇和石奶奶念叨国家开征房产税和遗产税的消息，话里话外的，要求石奶奶尽早考虑把市里小两居室留给孙子的事情。

石奶奶本来没有打算在生前解决房子的事情，她觉得这是身后事。可是，儿媳的话却让她有点寝食难安。她知道，强势的儿媳如果达不到目的，是会为难儿子的。而如果这么早就把房子都留给孙子，女儿女婿怎么想？自己在女儿家的日子还能这么舒坦吗？

望着老伴的遗像，石奶奶的心情变得阴郁，三年前去世的老伴一直是她的主心骨，可是，现在拿主意的人没了，怎么办？

“果然先走的人有福。”石奶奶不禁感慨道。

石奶奶碰到的情况并不少见，手心手背都是肉，老人们在子女的压力或期盼下，内心煎熬，因为他们知道，在房价高企的现在，只要把房子留给某一个人，都会招致家庭纠纷。他们既心疼权益受损的一方，也担心自己晚年的生活因此受到影响。

我们从法律的层面上帮助石奶奶分析一下，缓解她的焦虑吧。

法律适用

首先，房子是老人自己的财产，他们自己有绝对的所有权，完全有权自己做主，给谁，不给谁，都是他们的自由。任何人无权干涉或胁迫他们做任何决定。

其次，在将房子赠予孙子的时候，老人们必须注意，房子的所有权人都同意，即，如果房子是夫妻共同财产，那么，老两口必须都同意，并出具书面的文件，同意赠予。

如果已经有一方老人已经过世了，那么，在世的一方就无权将房子的全部产权赠予孙子。因为去世一方的产权已经被继承了，老人必须征求继承人的同意。这些继承人当然就是去世老人的子女了。

即，石奶奶家，石爷爷已经去世，那么房产中的一半份额就是遗产，由石奶奶、儿子和女儿共同继承，平均分配。因此，如果石奶奶想把房子都留给孙子，那么，她必须征得女儿的同意。因为女儿占有房产 16.7% 的份额。

房屋赠予是实践性法律行为，即，赠予行为的完成不仅需要有赠予合同，还必须实际完成房屋赠予的过户手续，才是赠予完成。在房屋过户之前，赠予还是可以撤销的。此点和动产的赠予不同。

然后，老人将房子赠予孙子，还要注意有关税费的情况。在目前实行限购、限贷和限售的楼市调控的大背景下，接受房屋赠予需要购房资格，而且其税费负担和房屋买卖差不多，也就是说，孙子要想得到爷爷奶奶赠予的房屋，不仅需要购房资格，还需要负担一笔不少的费用。

综上，石奶奶将房产直接留给孙子的做法是否就是最优方案，还需要她和儿子儿媳仔细商量之后再做决定比较好。

律师讲解

特别声明一下，目前国家没有开征遗产税，甚至连短期内立法的意向都没有。因此，网络上所有有关遗产税的信息都是假的，请大家不要上当。

如果老人将房屋在百年之后，由子女继承，或者赠予直系亲属，目前不受购房资格的限制，税费也较买卖和赠予少。不过，如果这样操作，就无法满足老人的愿望，即，让孙子获得房产。

如果老人将房屋赠予孙子的父亲，即自己的亲儿子，然后，让儿子再赠予孙子。这种曲线救国的方法，在理论上是可行的，但是，实践中几乎没人这样做，因为：

第一，如果两位老人都在世，他们自己可以处分房产，无须和其他子女协商。但是，很多人一听这个方案，第一个反应就是“他得到了房产，那么，他应该负责赡养老人吧，我们就不用管了”。可是，获得房产的儿子，却不这样想，“爸妈是大家的，凭什么让我一个人负责养老啊！”

第二，如果像石奶奶家，一方老人已经去世，那么，这需要说服其他兄弟姐妹放弃所继承的份额，同意母亲将全部房产都赠予侄子。由于房价高企，其中牵扯的利益太大，这一条，在现在的中国家庭中，是一个复杂艰巨的任务。

虽然老人的房产自己做主，但是，要想按照自己的想法，直接赠予孙子，却不得不考虑赠予之外的因素。

虽说“清官难断家务事”，自古使然，但是，如果子女们能抛弃私心，让事情按部就班地进展，不给年迈的老母亲出难题，也就不会有这样的焦虑，还老人一个清静祥和的晚年生活。

《民法典》相关规定的释义

《民法典》遵循民事主体意思自治原则，第一千一百三十四条至一千一百三十九条对于遗嘱的规定变化较大，充分尊重立遗嘱人的想法，取消了公证遗嘱效力高于其他形式遗嘱的内容，方便立遗嘱人修改、变更和撤回以前的遗嘱，保护立遗嘱人的真实意思表示。

老人生前将房产过户给孙子，是赠予行为。老人立遗嘱，将房产在去世后留给孙子，是遗赠。因为有前述对于遗嘱的保护，所以，这也许会方便老人选择合适的时机和方式，来表达想法，实现把房产留给孙子，又不引发家庭矛盾。

《民法典》第一千一百二十八条，增加了被继承人兄弟姐妹的子女代位继承的规定，有助于鼓励侄子女和外甥（女）赡养无子女的姑姑、舅舅之类的长辈亲属，让他们的付出能够得到合理的补偿，从客观上解决了一部分孤寡老人的晚年赡养问题，让他们也能感受到家庭温暖和天伦之乐。

四、再婚那些事儿：一方去世后，房产怎么分？

韩阿姨最近精神状态非常不好，原因在于家里出现了矛盾：房产纠纷。

韩阿姨今年 67 岁，和老伴张叔叔结婚 30 年。张叔叔比她大 8 岁，结婚时丧偶，带着两个正在上小学的男孩。

三十年来，韩阿姨和张叔叔一起，含辛茹苦地把两个孩子抚养长大。现在，两个儿子都已经成家立业，有了属于自己的房子。

最近，张叔叔身体欠佳，开始有了处理后事的想法。可是，没想到，刚刚提起这个话题，就碰到两个儿子的不同意见，争执的焦点就是他们夫妻两个正在住的这套三居室大房子。

结婚后，韩阿姨住进了张叔叔单位分配给张叔叔的一套老式两居室。在张叔叔快退休的时候，赶上单位最后一次福利分房，可以用低于市场价的价格购买一套三居室。

于是，韩阿姨和张叔叔就把那套老式两居室让单位回购（因为当时已经完成房改，这套两居室算是张叔叔的私人产权），然后，用这笔钱加上张叔叔和韩阿姨的工龄、职称、职务等折算系数，购买了三居室新房。房产证上写的是张叔叔一个人的名字。

现在，张叔叔认为这套三居室是他们老夫妻的共同财产，要全部留给韩阿姨，等韩阿姨百年之后，再分给两个儿子。可是，儿子们却不这样认为，他们说，三居室是两居室换来的，而两居室是张叔叔的婚前个人财产，和韩阿姨没有关系。如果张叔叔要把房子都留给韩阿姨，他们就不会赡养韩阿姨，不会为她养老送终。

听到儿子们的话，张叔叔犹豫了。而韩阿姨却感到彻底的寒心。三十年的养育恩情，还抵不过一套房子？她对自己这半辈子的付出产生了怀疑和无力感。

面对韩阿姨的咨询，法律已有规定，应该可以安抚她焦虑和失望的心。

法律适用

我们要明确，即便是再婚，他们夫妻关系存续期间拥有的财产，都属于夫妻共同财产，但是《婚姻法》第十八条规定的夫妻一方财产除外。那么什么是夫妻关系存续期间呢？即，自夫妻结婚之日起至一方死亡或离婚之日止。

再婚的夫妻享有和原配夫妻同等的权利，即，只要双方没有约定，再婚夫妻彼此之间都享有夫妻共同财产的一半，并非是有些人认为的那样，再婚夫妻，尤其是再婚妻子低人一等，无法享受夫妻共同财产的一半。这个说法完全不对，只要是合法夫妻，彼此都享有共同财产的50%。除非两个人另有约定。

韩阿姨和张叔叔老夫妻的三居室虽然是两居室换来的，但是，婚前，张叔叔只享有房屋的使用权。房改在两人婚后开始，因此，韩阿姨和张叔叔结婚后才取得房产证，该两居室应是老夫妻的婚后共同财产。

同时，他们也对三居室拥有共同产权，即便是产权证上只写了张叔叔的一个人的名字，也不影响韩阿姨的权利。

重组家庭之后，夫妻两个人共同抚养孩子，不论亲生，还是继子女，彼此都对孩子们付出了很多，承担了父职和母职。

因此，在法律上，虽然他们可能跟有的孩子没有血缘关系，但是基于抚养关系，这些孩子对夫妻两个都负有同等的赡养义务，不得以没有血缘关系为由，予以拒绝。

这是法律上的拟制血亲的原则，为的是维护抚养人的合法权益，保护社会上的道德规范和伦理人情。当然，履行了赡养义务的子女，有权参与遗产的继承，而逃避义务的子女，则无权继承遗产，这个规定和亲生子女对父母财产继承的规定如出一辙，其原理是一样的。

上面的内容仅仅限于没有遗嘱情况下的法定继承情况，如果有遗嘱，就要按照遗嘱办理。

如果遗嘱没有考虑再婚配偶的合法权益和实际困难的话，则在世的配偶一方也有权提出异议，要求遗嘱无效或变更，毕竟是合法夫妻，在法律上，配偶之间负有相互扶助关心的义务。

律师讲解

现实中存在房屋产权在婚前取得，再婚配偶的确不是共同产权人的情况。一旦拥有产权的一方先去世，那么，面对继子女的争夺，再婚配偶处于劣势。

面对几十年朝夕相处又照顾有加的老伴，拥有房屋产权的一方，提前帮助另一方安排好基本的居住生活事宜，也是其应尽之义务，是对配偶和婚姻最起码的尊重。

去世一方如果有被前妻或前夫带走的亲生子女，那么，这些子女也有权参与死者的遗产继承，虽然他们可能很多年都没见面了，但是这并不影响他们的继承权。只不过，已经离异的前妻或前夫就无权参与了，因为他们在法律上没有亲属关系了，丧失了继承人身份。

《民法典》相关规定的释义

新《民法典》在第二编“物权”中特意增设了第十四章“居住权”，丧偶无房的再婚老人，可以利用这一章的规定，解决居住问题。

现实中，有些物质条件较好的老人，再婚时年纪已经比较大，再婚配偶的确没有在财产增加方面给予任何贡献，但是，这些老人得到的来自配偶的照顾关心远胜于子女的关照，这些无形的付出无法用金钱衡量。

如果物质条件好的老人先去世，那么，他的财产对于再婚配偶来说，都是婚前个人财产，在财产继承方面，再婚配偶和老人的子女平均分配，没有优势，如果子女众多，那么，再婚配偶甚至还常常处于劣势。

其中特别需要关注的是再婚配偶的居住问题。面对多子女的争夺，卖房分钱是最简单的方法，但是，这必将导致很多无房的再婚配偶失去基本的居所。

这是影响再婚家庭生活的隐忧。《民法典》有关“居住权”的规定很好地化解了大家的担心，规定可以用合同或遗嘱的方式设立居住权，再婚夫妻可以用这种方式打消未来“居无定所”的焦虑，提高家庭生活质量。

当然，居住权的设立不限于再婚配偶，法律并未对居住权人给予任何身份限制，只要符合法律的规定，通过合同或遗嘱可以给予任何人居住权。

五、公婆的拆迁补偿款，儿女能分一杯羹吗?

城乡接合部的改造终于启动了，在乡村居住了六十年的李大爷一家，却开始了剑拔弩张的家庭战争。事情的起因是这样的：

李大爷两口子有两个儿子，一个女儿。女儿是老大，已经嫁到城里二十多年了，户口已经改成城镇户口。两个儿子在家务农，且都已经结婚。大儿子腿有残疾，结婚那年就在李大爷原来的三间房中的东房举行的婚礼，一直居住至今。

二儿子结婚的时候，因为村里宅基地紧张，且按照人均面积计算，李大爷一家已经超标，所以，村里只批准李大爷家在原宅基地上加建房屋，宅基地还是李大爷的名字，加建的南房两间在二儿子的名下。

拆迁补偿开始后，因为宅基地是李大爷的名字，所以，拆迁公司认为补偿的事宜和协议应该和李大爷一个人洽谈。

可是，大儿子觉得父亲母亲一直是自己和妻子在照顾，作为长子，家里的事情应当由他来负责。

而二儿子觉得自己出钱加建了两间南房，拆迁补偿里应该有自己的份额。

已经出嫁的女儿，这些天也跑回来，她说当时两个弟弟结婚翻建房屋的时候，自己都出钱了，现在的补偿款里应该有自己的一份。

在签署拆迁补偿的前一晚，李大爷家的家庭会议以争吵结束，两个儿媳也从幕后指挥跑到前台，直接开始对骂，都想要多分拆迁补偿款。

大儿媳的理由是，他们一家一直负责两位老人的赡养，每天照顾饮食起居，应该多分。

二儿媳的理由是，他们自掏腰包建造了两间南房，拆迁补偿作价时，这部分款项应该是属于他们的。而且他们也照顾了老人的生活，应该和老大一样，享有多分的权利。

面对这一团乱麻，李大爷两口子懵了，而闹腾最欢实的两个儿媳心里也发虚，她们不知道公婆的拆迁补偿里面到底有自己多少份额。

法律适用

根据上述事实的介绍，可以推断城乡接合部的改造，属于农村集体土地征用。而征用是指为了公共利益或者城市发展的需要，国家将农村集体所有的土地收归国有，并按照法律规定给予补偿的行为。

我国没有单独的“土地征用法”，因此，像李大爷所在村庄的征用事宜，按照《土地管理法》和相关实施条例来进行。

土地征用涉及农民的切身利益，甚至关乎他们未来几十年的生计，因此，土地管理和其他相关法律在明确补偿标准之外，还特别制定了《征用土地公告办法》来规范征用过程中的程序，让程序保障实体利益的实现。

根据《土地管理法》等相关规定，征用集体土地的补偿费应该包括如下几类：

土地补偿费：国家征地对被征地者土地上的投入和收益损失的补偿。

安置补助费：是指因为征地而导致的以土地为生产资料并产生生活来源的被征地者生活困难的，给予生活补助。

青苗补偿费：是给予被征收土地上的农作物损失给予的补偿。

地上附着物补偿：指被征收土地上各种建筑物、构筑物等的拆迁和重置费用补偿。

其他补偿费：指除了以上几种补偿费之外的、给被征地者造成的其他方面的损失的补偿，比如，水利设施拆迁重置费用、搬家费、基础设施拆迁重置费用，等等。

上述各项补偿费要按照国家规定的标准计算，同时房屋、地上附着物等重置和补偿标准，可以由各地政府根据当地物价和实际情况自行制定标准。

律师讲解

除了李大爷的女儿，他家的其他人均为农村户口，且是该村集体经济组织的成员，因此，征地拆迁过程中，和农民相关的补偿都和他们有关。具体说明一下：

因为李大爷一家位于城乡接合部，多年前就不再以种地为生，他们全家都在城里打工，村里的耕地很少，都用于蔬菜和鲜花种植。每年的利润由村集体向集团成员分配。

基于此，上述补偿费中的前三项均应是拆迁单位和村集体协商，确定补偿款后，统一分配。

因为女儿不是农村户口，所以这几项补偿和她无关，她不能向村集体或拆迁单位主张。

对李大爷一家最有价值的补偿就是地上附着物补偿这部分，也是他们家争议最大的部分：

宅基地是李大爷的名字，拆迁单位和李大爷洽商，并和他签署拆迁补偿协议，是无可厚非的。只要李大爷没放弃这个权利，任何其他人都无权代替他。

在物权法中，有“房随地走”的原则，即，因为土地和地上物的不可分割性，所以，为了保护不动产的价值，确定地上物的物权和土地物权不可分割。因此，李大爷家的房屋物权建在李大爷的宅基地上，被视为李大爷的不动产，他对此拥有物权。

对于拆迁单位来说，他们所能确认的只有宅基地证和建房证明，当时的建房报批手续是以李大爷的名义办理的，拆迁单位自然就认为房屋是在李大爷的名下，拆迁补偿也应该给他。

综上，地上附着物和宅基地的征地拆迁补偿都应该是李大爷夫妻两个人的，儿女如果对此有异议，只能在家庭内部讨论，不能直接对拆迁单位提出要求。

不过，现实中，很多人是直接跟拆迁单位协商的，具体工作中，我们可以将这些人的行为视为家中老人的授权，在拆迁补偿协议签署时，将拆迁款按照相关利害关系人协商一致的方案进行分配，直接发放到有关人员手里，也是可以的。

尽管如此，李大爷家的拆迁补偿款也首先是属于李大爷老两口的，儿女想要分一杯羹，必须要和老人协商，并且不得以赡养作为要挟的手段。

老人尚且在世，因此，如果李大爷不同意分款项给大儿子，也是完全可以的。大儿子只有等老人去世，作为继承人可以参与分配老人名下的遗产。

二儿子对加建房屋做出了贡献，当时家庭没有约定，通常被认为是对家庭的赠予。不过，处于公平考虑，李大爷可以考虑在拆迁补偿款拿出相应份额补偿给二儿子，作为他加建房屋的补偿。

女儿虽然是城市户口，无法参与村集体补偿的分配，但是，她对于家庭也是有付出的，如果能证明当时她对于房屋翻建或加建有出资，那么，女儿也可以要求相应份额的补偿。

《民法典》相关规定的释义

《民法典》第二百四十三条规定：为了公共利益的需要，依照法律规定的权限和程序可以征收集体所有的土地和组织、个人的房屋以及其他不动产。

征收集体所有的土地，应当依法及时足额支付土地补偿费、安置补助费以及农村村民住宅、其他地上附着物和青苗等的补偿费用，并安排被征地农民的社会保障费用，保障被征地农民的生活，维护被征地农民的合法权益。

征收组织、个人的房屋以及其他不动产，应当依法给予征收补偿，维护被征收人的合法权益；征收个人住宅的，还应当保障被征收人的居住条件。

任何组织或者个人不得贪污、挪用、私分、截留、拖欠征收补偿费等费用。

根据上述《民法典》第二百四十三条的规定可见，征收农村集体土地的时候，征收单位不仅要补偿土地，还有对村民住宅和地上附着物进行补偿。因此，本案中对于住宅和地上附着物均有出资和使用权益的成员，都有权在合法补偿款中拥有属于自己的补偿份额。

六、老人在养老院被殴打昏迷，养老院该负什么责任?

欧先生的母亲已经87岁了，虽然患有高血压和脂肪肝等多种慢性病，不过，精神矍铄，生活完全可以自理。

最近，欧先生家中添了孙子，他要和老伴一起到儿子家去住，帮忙看孩子，于是，和母亲商量，将老人送进养老院，约定就住一年，等孙子满一岁他就回家住，还把母亲接回来照顾。

为了重孙子的健康成长，欧先生的母亲心甘情愿地住进了养老院。因为精神状态良好，耳聪目明，生活自理，所以，欧先生为母亲办理的是“半护理”套餐，两人间。

欧先生如此安排的初衷是，房间里有个伴，免得母亲孤单，而且万一发生什么情况，也有个人可以照应一下。

没想到，孙子刚刚满一百天的晚上，欧先生接到了养老院的电话，护理员告诉他说，欧先生的母亲受伤了，需要赶紧送进医院抢救。欧先生在电话中口头同意了养老院叫救护车的申请，然后就和儿子一起驱车赶往指定的医院。

经过医院的抢救，欧先生的母亲脱离了生命危险，但是仍然处于昏迷状态。看到母亲头上和脸上的伤痕，欧先生心生疑窦，要求养老院调出监控录像，解释母亲受伤的经过和原因。

结果，令欧先生大吃一惊，原来是和母亲同住一屋的老太太，阿尔茨海默病恶化，在晚上熄灯之后，突然对欧先生的母亲大打出手。

熟睡中的欧先生母亲被惊醒后，吓得发不出声音，只是一个劲地以手护头躲避。等到巡视的护理员发现情况的时候，欧先生的母亲已经倒在血泊中，那个行凶的老太太则站在一旁，手里拿着打人的大号玻璃茶杯，看着欧先生的母亲发呆。

望着病床上的母亲，欧先生自责不已。在和养老院及对方家属协商赔偿金未果的情况下，欧先生将养老院和对方告上法庭，要为母亲讨个公道。

法律适用

在老人入住养老院之前，养老院要和入住的老人及其成年子女或其他监护人签署一份合同，约定各方的权利义务。这份合同在法律上属于服务合同性质，双方之间是服务合同关系。

基于服务合同的规定和特征，养老院应当按照合同约定提供相应的养老照护服务，保障老人的健康、安全。

但是，本案中，养老院存在明显的过失和过错：

第一，经过法院调查取证发现，打人的老太太并非第一次发病，入院半年多，发生多起打人或暴力倾向，院内老人和家属投诉多次。但是，养老院没有采取任何措施，只是将情况汇报给了家属。

第二，虽然欧先生母亲办理的是“半护理”套餐，但是，老人夜间的巡视次数只有两次，无法及时发现意外情况，不符合对高龄老人照护的通常标准。

第三，养老院安全规范中规定，在无人照护的情况下，应该将老人房间的坚硬物收起来，但是，欧先生母亲的护理员当晚却忘记将那个大玻璃水杯拿走，导致其成为了打人的凶器。

从上面几点看出，养老院在履行服务合同的过程中，存在违约行为，造成欧先生母亲严重受伤，应当承担责任。

行凶的老太太虽然有阿尔茨海默病，但是，她侵害了欧先生母亲的生命健康权，不能免责。

虽然打人的老太太患有阿尔茨海默病，但是，并未完全丧失民事行为能力，而且没有进行过精神能力的测试，她在法律上还是被认定为神志清晰的人，应当对自己的行为有判断力。

即便是老太太的病情严重，丧失神志，她的监护人也应该对其行为造成的伤害负有赔偿义务。即，老太太的子女不能以事情发生在养老院，就逃避自己应当承担的责任。

综合以上分析，法院最后认定在此次人身伤害案件中，养老院承担 60% 责任，打人老太太的家属承担 40% 的责任。两方要向欧先生母亲赔偿医疗费、营养费、康复费、误工费等直接损失。

律师讲解

也许有人会觉得打人老太太的家属有点冤，明明跟他们没关系，为什么也要承担责任？这是因为这些人不知道此时适用的法律规定和养老院不同：

养老院和欧先生母亲之间是服务合同关系，适用有关合同法的违约规定。

打人老太太和欧先生母亲之间是侵权责任纠纷，适用有关侵权责任法的规定。

民法总则和其他相关法律都规定，自然人的生命健康权受到法律保护，任何人不得侵犯。因此，打人老太太虽然患有疾病，但是，她也无权伤害欧先生的母亲，她的打人行为已经严重侵害欧先生母亲的生命健康权，理应承担法律责任。

根据侵权责任法的规定，行为人因过错侵害他人民事权益，应当承担侵权责任。根据法律规定推定行为人有过错的，行为人不能证明自己没有过错的，应当承担侵权责任。

本案中，打人老太太及其家属无法证明自己这一方没有过错，因此，他们仍应该承担侵权责任。

不过，打人老太太患有阿尔茨海默病，却没有相应的医学证明，法律上她还是一个具备民事行为能力的健全人，不需要家属作为监护人。

因此，她应该为自己的行为负责。欧先生在诉讼中无法将老太太的家属一并作为被告，索要赔偿。

《民法典》相关规定的释义

《民法典》于2021年1月1日起实施，第二编为“合同”，但是服务合同并未列入该编的典型合同分编中，因此，处理有关服务合同的纠纷，还需要参照合同编的一般基本原则。

《民法典》第七编“侵权责任”，针对侵权领域出现的新情况，结合司法实践，对原来的侵权责任制度进行了补充和完善。

其中增加的第一千一百九十条适用本案情形：完全民事行为

能力人对自己的行为暂时没有意识或者失去控制，造成他人损害有过错的，应当承担侵权责任。没有过错的，根据行为人的经济状况对受害人适当补偿。

《民法典》实施之日，上述的原合同法和侵权责任法，均同时废止。有关问题和纠纷遵照《民法典》中“合同编”和“侵权责任编”的规定执行。

七、父母“常回家看看”的要求，是子女必须履行的精神赡养义务

侯小星做梦也没有想到，自己会被亲生母亲告上法庭，而告他的理由居然是“三个月没去看望她”。

侯小星的父亲早亡，他是和母亲相依为命长大的。结婚后，因为岳父岳母家有一套两居室离单位近，所以，他们小两口就住在这套房子里，只有周末才回家看望母亲。

而不知从什么时候起，侯小星的爱人开始不跟着他回家看望婆婆，慢慢地，他自己也减少了回去的次数。工作、加班、培训、旅游、交际等活动排满了他的日程表，只有偶尔接到母亲的电话，才让他想起要回家看看这件事。

大概半年前，母亲打电话说，自己病了，想让他回去一趟。他答应了，可是，单位和岳父母家的事情一忙活，他竟然忘记了。后来，打电话给母亲，也没发现什么异常。结果，过了几个月，就径直接到了法院的传票，这着实让他感到费解。“母亲是不是精神出问题了，这么点事，至于吗？”侯小星和爱人叨唠。

法院在正式开庭前，先找侯小星进行了庭前谈话，听到法官的解释，他才恍然大悟，明白自己竟然真的违反了法律规定。

法律适用

《老年人权益保障法》第十四条规定，赡养人应当履行对老年人经济上供养、生活上照料和精神上慰藉的义务，照顾老年人的特殊需要。赡养人是指老年人的子女和其他依法负有赡养义务的人。赡养人的配偶应当协助赡养人履行赡养义务。

《老年人权益保障法》第十四条规定，家庭成员应当关心老年人的精神需求，不得忽视、冷落老人。与老年人分开居住的家庭成员，应当经常看望或问候老年人。

上面两条规定是该法在2018年进行修订时增加的内容，结合现在老年人的实际情况，将给予老年人精神上的关心和慰藉纳入法律规定，强化了家庭成员间的感情纽带，倡导传承中国传统的尊老敬老的良好道德规范。

虽然法律并未对违反这些规定该如何处罚进行规定，但是，上述两条内容对于老人主张精神方面的赡养需求提供了法律依据。

基于法律规定和案件实际情况，在庭前谈话阶段，侯小星就向母亲承认了错误，承诺以后最少每个月回家看望母亲一次，遇到重大节日，或者家庭中的重要纪念日，他和爱人一定回家，和母亲一起度过。

于是，侯小星母亲撤诉，一家人冰释前嫌，重归于好。

律师讲解

不仅《老年人权益保障法》有上述规定，而且婚姻法等相关法律法规都有家庭成员之间要相互关心、相互帮助的规定。虽然比较原则，但是，仍然很明确地提出了子女或其他家庭成员对老年人负有的精神赡养义务。

随着生活水平的提高，目前步入老年行列的老年人大多有自己的退休金，经济上需要子女帮扶的不多，但是，社会进步后，他们对精神方面的要求比以前高。特别是像侯小星母亲这样的单身独居老人。

根据相关民政部门和社会组织的统计，目前患有心理疾病或心理障碍的老年人的数量增长很快。他们退休后脱离社会，难免失落，如果此时还得不到子女的关心，那么，他们很容易变得孤僻抑郁。

因此，子女的关心和问候就变得异常重要，是赡养义务中不可或缺的一部分。

本案中，侯小星的母亲用提起诉讼的方式，引起了儿子儿媳的关注，这何尝不是她为了得到关爱和重视采取的小伎俩？虽然她成功了，但是，如果老人要用这种方法才能得到子女的关注，也实在是可悲。

《民法典》相关规定的释义

《民法典》将《婚姻法》中的内容并入，并且进行了补充和完善。不仅继续贯彻家庭成员之间互敬互爱、尊老敬老的基本原则，而且增加了第一千零四十三条“弘扬家庭美德，树立优良家风，重视家庭文明建设”的规定。

虽然这些规定都是原则性的，但是，却都带有指导意义，对相关案件和纠纷的处理具备规范作用。

《民法典》第一千零四十五条新增的内容中，将亲属、近亲属和家庭成员的范围进行了明确，这有助于在适用法律时，能够更好地确定特定人员的权利义务，让法律的执行更有针对性。同时，也方便相关人员了解自己的权利义务内容，更好地履行责任和享受权利。

八、侄女为独身的姑姑养老送终，能继承姑姑遗产吗？

上海的苗婆婆去年底去世，享年98岁。因为战乱和身体原因，她终身未嫁，一直和哥哥一家生活在一起。

哥哥离世之后，苗婆婆的日常起居就由侄女苗女士负责。三十多年如一日，苗女士像父亲在世时一样，悉心关照自己年迈的姑姑。

当苗婆婆弥留之际，她的亲人只剩下一直照顾她的苗女士一家三口，老人名下还有和哥哥一起继承的祖上的一套老式楼房和存款、金银首饰。将存款和金银首饰交到苗女士手里后，老人安详地闭上了眼睛。

苗女士办理完姑姑的后事，就着手处理姑姑遗产事宜。可是，当她来到房管部门要求继承过户房屋产权的时候，却得知自己只有老式楼房一半的继承权，就是父亲那部分的份额。在姑姑名下的另外一半产权却无法继承，因为她根本不是继承人。

“可我是姑姑的亲侄女啊？再说了，我照顾她三十多年，她的遗产怎么就没有我的份儿呢？”苗女士怀揣着一肚子的疑问，走进律师事务所，想解开谜团，也想找到解决的方法。

法律适用

根据《继承法》的规定，法定继承人分为两个顺序，即：

第一顺序继承人：配偶、子女和父母。

第二顺序继承人：兄弟姐妹、祖父母和外祖父母。

如果没有约定，每个顺序的继承人都是平均分配遗产。

第一顺序继承人有权先继承。如果没有第一顺序继承人，第二顺序继承人才有继承权。即，第二顺序继承人的继承权是不确定，或然性的权利。

另外，《继承法》第十一条规定有代位继承，即，被继承人的子女先于被继承人死亡的，子女的晚辈直系血亲可以代位继承。这个代位继承的规定只限于被继承人的子女的晚辈直系血亲。并不适用于其他继承人。

基于这样的规定，当被继承人没有第一顺序继承人，第二顺序继承人也先于被继承人去世时，第二顺序继承人的子女是没有代位继承权的。两个顺序继承人都没有时，被继承人的遗产就按照法律规定归国家所有。

律师讲解

苗婆婆去世时，没有第一顺序继承人，也没有第二顺序继承人，她的遗产应该按照法律归国家所有。

苗婆婆的存款和金银首饰都是她的遗产，按照法律规定应该归国家所有。但是，因为她临终时，将其亲手交给苗女士，法律上，视为赠予，且因为动产的赠予以实际交付为准，所以，这部分遗产就归苗女士所有了，合情合理合法。

苗婆婆名下的房产必须过户给苗女士，才是苗女士的财产。但是，因为目前继承法的规定，致使苗女士不是法定继承人，苗婆婆也没有遗嘱。因此，苗女士要通过继承来取得房屋产权于法无据。

如果苗女士想争取苗婆婆名下的房屋产权，可以到法院起诉确权，通过法院的审理才申明自己对苗婆婆的赡养和照顾的付出，也许在房屋最后的产权比例上会多得到一些。但是，要是想以继承人身份全部继承房产，还是有很大难度的。

《民法典》相关规定的释义

2021 年 1 月 1 日起实施的《民法典》第一千一百二十八条的规定，赋予兄弟姐妹的子女继承人身份，彻底解决苗女士的问题。

该条规定，兄弟姐妹先于被继承人死亡时，兄弟姐妹的子女有权代位继承其父母应当继承的遗产份额。

在此强调，被继承人没有第一顺序继承人的时候，第二顺序继承人才有继承权，由此，第二顺序继承人中的兄弟姐妹的子女也才有继承权。现实中，不会出现兄弟姐妹的子女，即侄子侄女，外甥外甥女，和被继承人的子女争抢遗产的情况。

上述规定只涉及法定继承，如果被继承人有遗嘱，则遗嘱优先，照遗嘱办理。

九、看不到孙子就抢，这也是绑架

2018 年 10 月 2 日，北京市丰台区发生了一起令人震惊的“抢孩子”事件。

当天，年轻的母亲李女士推着儿童车来到某购物中心，车上躺着只有十个月大的儿子。在购物中心一层电梯间等电梯的时候，三个老太太不由分说就上去抱孩子，还拉扯李女士，使得她和儿童车分离。

紧急情况下，李女士大声呼救，惊动了购物中心的保安和其他顾客，在大家的齐心合力下，老太太们的行动被制止，并被带到派出所。

经过警方的调查询问，发现这是一起由婆媳纠纷引发的意外事件。带头的老太太因为和儿媳不合，已经很长时间没有看到自己的小孙子了。于是，就将心里的烦恼说给了两个好姐妹。

事发当天，其中一个老太太发现李女士和孩子在购物中心，于是就尾随她们来到电梯间，同时用电话通知不远处的其他二人。后来，三个人配合默契地实施了“抢孩子”的戏码。结果，经过警方调查，李女士根本不是带头老太太的儿媳，整个事件就是一起乌龙。

说明情况后，警方根据《治安处罚法》，给予几个老太太行政拘留五天处分，并未追究其他法律责任。

可是，李女士的爱人，在网络上发表的微博中的质疑却引发了很多人的讨论：这些老太太的行为到底是不是犯罪？

法律适用

《刑法》第二百三十九条，绑架罪是指勒索财物或者其他目的，使用暴力、胁迫或者其他方法，绑架他人的行为，或者绑架他人作为人质的行为。

我们来具体看看这几个老太太的行为跟绑架罪的要素是否符合：

第一，这几个人的确是采用暴力手段的。

第二，绑架他人，就是指一种较强的限制人身自由，使受害者被置于行为人的控制之下。毫无疑问，她们就是想抢夺孩子，然后控制孩子。

第三，从目前的情况看，这几个不是为了钱财，但是，根据已经披露的信息看，带头老太太在儿子儿媳闹离婚期间，采取抢夺孩子的行动，是否带有要挟儿媳的目的，就很值得怀疑。这个时间点实在是太敏感。

另外，尽管此事的起因是婆媳不和，行为人有孩子奶奶的身份，但是，绑架罪的犯罪构成中，并未对行为人的身份有任何限制，即，孩子的亲奶奶，也可以是绑架罪的犯罪主体。

绑架罪是非常严重的侵害他人人身权利、生命健康权的犯罪行为，历来是法律重点关注和打击的对象。

虽然本案中实施抢夺行为的人说自己想看孙子，认错人了。但是，对于被抢的孩子来说，他们之间并没血缘关系，仅仅就是一个单纯的无辜的受害者。

《民法总则》第二十七条规定：父母是未成年人的监护人。在未成年人父母已经死亡或没有监护能力时，由下列有监护能力的人按顺序担任监护人：

（一）祖父母、外祖父母；

（二）兄、姐；

（三）其他愿意担任监护人的个人或组织，但是须经未成年人住所地的居民委员会、村民委员会或民政部门同意。

因此，在孙子的监护人，儿子和儿媳尚在，且具备监护能力的情况下，老太太伙同其他几个人在公共场所抢夺孩子，其行为是违法的，极易给还是婴儿的孩子造成伤害。

更何况，最后还认错人了，给他人造成伤害。

律师讲解

尽管警方并未将此案作为刑事案件追究几个老太太的刑事责任，但是，依据上述分析，笔者还是认为，对于此类行为应当给予严肃处理，以免类似事件再次发生，伤及无辜。

老太太的行为涉嫌绑架，侵害了他人的合法权益。李女士和她的孩子无辜受害，有权提出民事赔偿诉讼。

更为重要的是，即便是没有认错，带头老太太的行为也是错误的，应当追究法律责任。因为每一个家庭成员同时又都是社会的公民，都享有受到法律保护的权利。

如果他们抢夺孩子的行为得逞了，结果会怎么样？儿媳作为孙子的法定监护人的权益，又该如何保护？

综上，笔者认为，虽然带头老太太抢错孩子的情节，和她的初衷并非是故意要伤害女事主的孩子，也许会帮她得到一些减免。但是，其行为的性质是确定的。

抢错孩子的情节，只是其行为的目标为错，但是并不影响其行为性质的认定。就像甲想谋杀乙，但是因为慌张，错杀了丙。即便杀错了人，甲的故意杀人罪也是成立的。

因此，他们的行为比照绑架罪来进行处理应当是恰当的。当然，具体量刑可以根据情况再商榷，给予减免也是可以接受的。

另外，本案不适用拐骗儿童罪和贩卖儿童罪，因为行为人采用的是暴力抢夺手段，但是没有牟利的目的，所以，不符合这两项罪名的要求。

《民法典》相关规定的释义

因为本案是源起于家庭纠纷，而婚姻家庭是《民法典》中重要的内容，所以，深入了解民法规定，明确自己和他人的权利义务，也许会避免和减少侵权行为，乃至刑事犯罪。

《民法典》第一千零四十三条中规定了婚姻家庭的一般性原则，要求“家庭成员应当尊老爱幼，相互帮助，维护平等、和睦、文明的婚姻家庭关系”。

该法第一千零四十五条规定，“配偶、父母、子女、兄弟姐妹、祖父母、外祖父母、孙子女、外孙子女为近亲属。配偶、父母、子女和其他共同生活的近亲属为家庭成员”。

因此，作为配偶、父母或子女都应该履行自己作为家庭成员的义务，建立和维护平等、和睦、文明的婚姻家庭关系。

同时，需要明确，虽然父母子女都是一家人，但是，同时，他们也是独立的个体，每个人都有自己作为民事主体的权利和义务。如果不考虑这个因素，则易在家庭成员间发生纠纷。

十、爷爷奶奶向孩子的父母索要“带孙费”，有法律依据吗？

2010 年，伴随小孙女萌萌的出生，60 岁的卞阿姨升级成为了奶奶。因为儿子儿媳两口子工作比较忙，所以，卞阿姨老夫妻就从老家来到北京，帮忙照看孩子。

当孩子一岁的时候，卞阿姨夫妇将老家的房子卖了，在儿子儿媳所在小区买了一套房，开始了全天候照顾孙女的生活。

一眨眼，八年过去了，萌萌已经是小学二年级的学生了。这几年间，她几乎每天都跟爷爷奶奶在一起，不仅由爷爷奶奶负责她饮食起居，而且负责辅导她的学习，为她去开家长会。她的父母反倒像客人似的，每周见上一面都难。

可是，忽然有一天，卞阿姨老两口却从萌萌嘴里得知，儿子儿媳在闹离婚，两个人都在争抢萌萌的抚养权。

心急如焚的卞阿姨把儿子儿媳找来谈话，果然如萌萌所说，两个人的矛盾已经无法调和，剑拔弩张，财产分配已经协商好，就是萌萌的抚养权问题还僵持不下。

想到自己付出了这么多辛苦拉扯大的萌萌，有可能被儿媳带走，卞阿姨老两口就睡不着觉。为了帮助儿子得到萌萌的抚养权，也是为了平衡自己多年来的付出，卞阿姨老两口一起向法院提出诉讼，要求儿子儿媳向自己支付八年来为抚养萌萌所花费的费用，共计 28 万多元。

而儿子儿媳收到诉状后，都有点发蒙，他们觉得父母为自己带孩子，天经地义，为什么还索要费用？这笔所谓“带孙费”根本就是老人的无理取闹，没有依据。

到底谁的想法会得到法律支持呢？

法律适用

根据《民法总则》和《婚姻法》的有关规定，父母是未成年子女的监护人，对未成年子女负有抚养、教育和保护的义务。

祖父母和外祖父母只有在父母死亡或丧失监护能力的情况下，才会担任监护人。同时，祖父母和外祖父母也具备监护能力。

因此，祖父母和外祖父母并非当然的，就是未成年人的监护人，只有父母才是孩子们的第一法定监护人看，对子女负有养育的义务。

既然祖父母和外祖父母对未成年孙辈没有法定的抚养义务，那么，他们的付出在法律上如何认定呢？

根据《民法总则》和相关司法解释的规定，祖父母和外祖父母的这种付出是“无因管理行为”，即，无因管理是指未受他人委托，也无法律上的义务，为避免他人利益受损失而自愿为他人管理事务或提供服务的事实行为。

综上，法院认定卞阿姨夫妇没有带孙的义务，多年来为儿子儿媳照顾孙女的行为是“无因管理”行为，儿子儿媳作为无因管理行为的受益者应当向他们支付合理的费用支出的补偿。

本案最后的结果是，综合考虑多种因素后，法院判断儿子儿媳应当向卞阿姨夫妇支付补偿款人民币10万元。双方均未上诉。

另外，必须再补充一句，因为该10万元费用产生于儿子儿媳婚姻存续期间，所以，是夫妻共同债务，如果两人离婚，必须要分担这笔费用。

律师讲解

“带孙费”并不是一个法律概念，但是，根据上述分析，可知老人帮忙带孙不是天经地义的责任，而是基于感情的额外付出，他们有权利要求得到合理补偿。

如果儿女不离婚，通常情况下，中国的老人们不会向子女提出“带孙费”的要求，因为他们所做的一切都是为了儿女能够幸福。如果无法达到这个目的，那么，利益的考量就要占上风，他们提出带孙费的主张，也是无奈之举。

在争取子女抚养权的过程中，祖父母或外祖父母对孩子的付出可以增加某一方的胜算。

《最高人民法院关于人民法院审理离婚案件处理子女抚养问题的若干具体意见》第四条规定，“父方与母方抚养子女的条件基本相同，双方均要求子女与其共同生活，但子女单独随祖父母或外祖父母共同生活多年，且祖父母或外祖父母要求并且有能力帮助子女照顾孙子女或外孙子女的，可作为子女随父或母生活的优先条件予以考虑”。

根据这一条规定，卞阿姨的儿子在争夺萌萌的抚养权的时候，因为卞阿姨夫妇多年的付出，显得比妻子更有优势。

不仅如此，卞阿姨的“带孙费”诉讼的胜诉判决，更是从证据角度来加强了这种优势，使得儿媳在这方面的诉请的基础比较脆弱。

因为萌萌已经八岁多，根据《民法总则》的规定，八周岁以上的未成年人已经是限制民事行为能力人。所以，在法院决定将抚养权判归父亲还是母亲的时候，法官会征求孩子的意见。

因为孩子跟随爷爷奶奶生活多年，所以从感情上肯定是偏向这边的。这也会有助于萌萌的父亲获得抚养权。

不过，不管抚养权归谁，萌萌始终都是父母两个人的孩子，他们离婚后，也要继续履行抚养、教育和保护萌萌的法定责任。

《民法典》相关规定的释义

《民法典》第一千零八十四条，针对离婚抚养权的规定整合了上述《婚姻法》及其相关司法解释的内容，比较全面清晰。

第一千零八十四条第三款中明确规定子女抚养权判决要遵循“最有利于子女原则”。

第一千零八十四条第三款后半段，亦明确规定，在进行抚养权判决时，若子女年满八周岁，要尊重孩子的真实意愿。

这几条规定都是原来散见于法律和司法解释中的，《民法典》将其进行整合，自 2021 年 1 月 1 日起实施，适用于相关案件。

十一、一趟海外体检之旅，险些赔进去老人的一套房子

邱女士是单位的高管，平时工作比较忙。母亲去世后，她也不太愿意回家看望父亲，因为父亲的脾气有点古怪，父女两人见面就吵架。

中秋节时，邱女士好不容易腾出两天时间，去父母家看望父亲。一进门，她就看到家里的客厅摞着几个一人多高的大箱子。询问父亲之后，得知这是父亲上个月参加“×××× 豪华旅游”后购买的养生保健品。

邱女士一听就急了，告诉父亲这些东西都是骗人的，对身体没好处。可是，父亲却说，这些都是国外进口的高档保健品，价值二十多万元，怎么可能是骗人的假货？

知道父亲花了这么多钱买这些东西，邱女士更生气了。她激烈地跟父亲辩论，极力想说明自己是对的，让父亲赶紧断绝和保健品公司的关系，停止购买保健品。可是，父亲的脾气也倔得很，两个人又大吵一架，不欢而散。

几天后，邱女士接到银行的电话，说父亲在办理贷款手续，还要抵押自己的房产。但是，因为房产证上有邱女士的名字，所

以，银行特意告知她，求证她是否知道这件事。

此时，邱女士感觉事情严重了，赶紧请假来到银行，坚决阻止了父亲的贷款行为。又带着父亲来到派出所，举报了撺掇父亲抵押房产贷款的那个保健品推销员。

在派出所里，邱女士和父亲发现像他们这样举报的人并非个例，附近几个小区的老人都经历了类似的事件。

法律适用

从已经掌握的证据看，此案涉嫌诈骗应该是没问题的：

诈骗罪指以非法占有为目的，采用虚构事实或隐瞒真相的方式，骗取金额较大的公私财物的行为。

保健品推销员邀请邱父到国外旅游，在国外做体检的时候，告知其存在严重的健康问题，需要服用国外生产的高级保健品才能保护健康。

而事实是，邱父并无严重健康问题，其一些不合格的身体指标是老年人常见病，在国内体检时已经发现，并已经采取措施进行干预，并无大碍。

因此，推销员及其公司的行为就属于虚构事实，其目的就是想让邱父购买高价保健品。事实上，他们也得逞了。邱父当场就购买了二十万元人民币的保健品，数额巨大。

为了骗取更多财物，销售员又在公司的安排下，向邱父提出抵押房屋贷款的建议，即，要求邱父一次性支付300万元会员费，终身享受免费养生保健服务。邱父没有那么多，可以从该公司贷款，将名下房屋抵押作为担保。

该公司和邱父签署的《贷款抵押合同》利用了邱父金融和法

律知识欠缺的不足，以非法占有为目的，迫使邱父做出了错误的判断和行为。符合“合同诈骗罪”的要件，因此，应该认定该合同无效，相关责任人要承担刑事责任。

律师讲解

销售员和该公司虚构事实、以次充好，高价兜售保健品，而且数额巨大，按照法律规定已经涉嫌诈骗罪，相关个人和公司都应当被追究刑事责任。

销售员和该公司利用老人金融和法律知识的欠缺，设计虚假的贷款流程，没有支付一分钱，就骗取了老人房屋抵押权，则是合同欺诈行为，因此，他们和老人所签署的合同应当认定为无效，相关个人和公司应当承担合同欺诈的刑事责任。

合同诈骗罪是诈骗罪的分类，根据《刑法》第二百二十四条的规定合同诈骗罪的特征是表面上合法，但是其目的却是非法的，具备隐蔽性、社会危害性和应受刑罚性。

本案可能涉及多个罪名，相关责任人也许会被数罪并罚，届时需要根据具体案情再做判断。

本案值得称道的是银行的做法。因为涉及大额贷款和房产抵押，再者房产证是联名的，所以，银行工作人员在操作贷款流程时，根据其内部风险监控规则，给房产共有人邱女士打电话征询意见，才避免了邱父的巨大财产损失。

但是，因为邱父是完全民事行为能力人，若不是房产是联名的，邱女士也是房屋权利人之一，那么，银行的行为其实有侵犯邱父民事权利的嫌疑。

不过，因为邱女士和邱父是父女，其干涉邱父的行为也是为了维护他的合法权益，所以，从这一点来看，银行的告知行为也就合理合法了。

特别值得肯定的是，邱女士在母亲去世后，将父母两个人共有的房屋进行了继承，并办理了房屋产权的过户手续，使得自己和父亲共同拥有房屋产权。

因此，当父亲擅自抵押房屋的时候，邱女士才有权作为共有权人提出异议，制止了保健品公司的诈骗行为。如果她家没有及时办理房屋继承过户手续，任由老人一个人持有房产，那么，也许这次的损失就大了。

为了杜绝此类情况发生，还是建议邱女士能够平时多关心父亲，满足他的精神需求，不给保健品推销员以骗取老人信任，甚至感情的机会。这样的话，他们也就不会听信花言巧语而上当受骗了。

《民法典》相关规定的释义

《民法典》第二十六条规定，成年子女对父母有赡养、扶助和保护的义务。

因此，邱女士坚决终止履行贷款抵押合同，并举报保健品骗局的行为都是可取的，是对父亲履行保护义务，避免他上当受骗，损失财物。

《民法典》第三十三条规定，完全民事行为能力人可以指定监护人，在自己丧失或部分丧失民事行为能力时，由监护人履行监护职责。

但是，邱父还是一个健康的民事主体，有权按照自己的意愿做他想做的事情。邱女士此时只能进行劝阻，而无权代为进行民事行为。

十二、“以房养老”的误读很常见，老人们千万要小心

冯阿姨手里拿着法院的传票，心里十分惶恐。而和她几乎同时收到传票的还有同一个小区的其他三位老人，他们都被一个根本不认识的李兴民告上法庭。

大概十个月前，冯阿姨和这几位老人分别和北京某投资咨询有限公司签署了有关“以房养老”的协议，即，《借款抵押合同》。

其中，冯阿姨的《借款抵押合同》中约定，她将自己名下的房屋抵押给该公司，自该公司借出 350 万元。不过，这笔钱只在她的账户上待了两个小时，就直接转入了另外一个人的账号。然后，该公司按月向冯阿姨支付利息，每月 6000 元到 8000 元不等。

这样的情况持续了不到半年，该公司就开始拖欠利息，经过冯阿姨催促，他们勉强继续支付了两个月，但是每月金额不足 3000 元。

就在冯阿姨和其他几位老人心急如焚，投诉无门的时候，他们反倒接到起诉书，原告李兴民说他们借款不还，要求将他们抵

押给北京某投资咨询有限公司的房屋拍卖偿还债务。

完全搞不清楚状况的冯阿姨他们几个老人，心里害怕极了。最后只好求助于街道法律援助中心的律师。在律师审阅了相关资料之后，果断地说，这根本不是“以房养老”，而是彻头彻尾的骗局，建议老人们马上报案。

于是，冯阿姨他们赶紧来到公安局，发现和他们类似遭遇的有四十多人。公安局的警察已经把这些报案作为诈骗立案，开始收集证据了。

只是冯阿姨他们这个时候，还是没搞明白他们的“以房养老”的合同到底哪里出了错，他们怎么就被骗得这么惨？

法律适用

“以房养老”是我国推出的一项养老保障制度，为老年人的晚年生活提供资金支持，因为年老之后，人的赚钱能力减弱，但是现金支出增加，所以，用房屋做抵押，兑换现金收入，可以有效维系晚年生活的开支。

含有金融属性的、典型的“以房养老”的操作方式是通过银行和保险公司来进行的：

拥有房屋完整产权的老人（我国规定60岁以上为老年人）将房屋抵押给银行或保险公司等金融机构。

这些机构对房屋价值进行评估，并对老人预期寿命、市场房屋价格、物价水平等进行综合计算后，按月或一次性向老人支付贷款。老人则有权继续居住在房屋内。

待老人去世后，房屋产权由银行或保险公司出售，所得款项偿还贷款本息，如果有增值，也归银行或保险公司所有。

根据上述分析，可以看出冯阿姨他们的所谓“以房养老”存在明显的漏洞，其整个设计都是围绕房钱交易进行的，没有保障的性质：

冯阿姨他们的签约对象并非银行或保险公司等正规金融机构，而是一个投资咨询公司，此类公司是没有资质开展金融业务的。

正规的以房养老操作中，没有借款的环节，只有银行或保险公司评估房屋价值后，按月向老人支付贷款的流程。

而冯阿姨他们的合同中，却约定了几百万元的借款。

正规的以房养老中，只有老人和银行或保险公司两方签署合同，老人的房屋是抵押给银行或保险公司的，每月的贷款也是银行或保险公司支付的。

而冯阿姨他们的合同中，牵扯第三方，该第三方获得了房屋抵押权，每月的利息却是投资咨询公司支付。这里面存在一个资金黑洞，即，第三方的款项没有支付给冯阿姨他们，却得到了冯阿姨他们的房屋抵押权。

经过警方的调查，已经得知，该投资咨询公司分别和冯阿姨他们与李兴民签署合同，自李兴民处借款，并将冯阿姨他们的房屋产权抵押给李兴民作为借款的担保。

然后，他们用自李兴民处（借给该投资咨询公司款项的人不只李兴民一个人）借到的钱进行各种投资，用投资产生的收益偿还冯阿姨他们的利息。

几个月后，他们投资的项目失败，无法支付利息，整个运作链条断裂，不仅无法支付利息，而且也无法偿还李兴民的借款。

李兴民向民生济民公司追索款项，同时向冯阿姨他们主张实施抵押权。

律师讲解

民生济民公司虚构事实，骗取老人们的信任，将自己借款投资的事宜，包装成以房养老的项目，套取资金，抵押他人房产，损害多人的权益，已经构成合同诈骗、非法集资等多项犯罪。

在这个过程中，冯阿姨他们和李兴民都是受害人，他们一个是被骗抵押了自己房屋，为该投资咨询公司的借款做了担保。一个是借出了款项，在无意中接受了不相干的非借款人的房屋作为借款抵押。

因此，李兴民和冯阿姨他们之间有关实现抵押权的民事诉讼应当暂停审理，等待警方对于此案刑事部分的调查和处理结果而定。

相关法律规定释义

2013年国务院发布《关于加快发展养老服务业的若干意见》，2014年中国保险监督管理委员会出台《关于开展老年人住房反向抵押养老保险试点的指导意见》，在北京、上海、广州和武汉试点老年人住房反向抵押保险。

但是，多年来，这项保险的推行并不顺利，相关法律法规也是空白。因此，虽然以房养老是一个发展趋势，但是目前还非常不成熟，打着此旗号的不规范的操作和骗人的把戏层出不穷。

因此，我们建议国家尽快出台相关法律法规，整顿该领域的乱象。同时，建议对金融和物权都缺乏了解的老年人还是谨慎介入类似产品，特别对以自己名义借款，并抵押自己房屋作为投资回报的产品，一定要提高警惕，切勿参与！

第四篇　儿童权利保护

一、赋予儿童全部权利，才能杜绝虐童、伤童事件的发生

案例一：

2020 年 4 月 23 日，媒体报道黑龙江四岁女童被亲生父亲和其同居女友虐待，受伤至颅脑损伤，住进 ICU。

女童的父亲和母亲结婚生子时都非常年轻。婚后生活不和谐，离婚后，女童跟随父亲生活。但是，实际照顾人是女童的祖父祖母。

年初，女童父亲将孩子接来和自己同住，还让孩子叫自己的同居女友为“妈妈”。可是，这个“妈妈”却对孩子伸出毒手，将年幼乖巧的孩子虐打成重伤。

因为医院的举报，警方才得以介入此事，使得孩子能够得到有效的救治。据说，孩子现在已经脱离危险，交给其亲生母亲照顾。

施暴的父亲和其女友已经被警方拘留，案件在进一步调查中。

案例二：

2020 年 8 月 18 日，新闻报道，安徽池州张姓男子报案，他的女儿被妻子的同居男友殴打致死。

因为妻子提出离婚而张某不同意，所以，两个月前，妻子带

着只有五岁的女儿离家，和男友同居。8 月 15 日，张某得知女儿被害，来到妻子的居住地，看到的是女儿的遗体，弱小的身躯伤痕累累。

目前，张某妻子的同居男友已经被警方控制，案件在进一步调查中。

案例三：

2020 年 8 月 20 日，网络上出现一段视频，一个男子将一个两岁左右的男孩用力摔在沙发上，孩子因为痛苦而大声啼哭。而男子并未停下施暴，而是再次抱起孩子，用力摔了一次。

视频出现后，引发多方关注。8 月 22 日，陕西省宝鸡市有关部门公布消息，该男子为孩子的亲生父亲，因为和孩子母亲（孩子为未婚生育）就抚养权问题产生纠纷而心生愤怒，将怒火撒在孩子身上。

后来，虽然孩子被母亲送到医院救治，但是，终因伤势过重而死亡。孩子年仅两岁六个月，正是特别可爱、天真烂漫的年纪。

目前，这个父亲已经被公安机关刑事拘留，母亲在接受心理疏导。

接二连三地发生虐童案件，让普通人的心里倍感煎熬。这些血淋淋的场面不仅刺激着人们的神经，也挑战着社会的公序良俗和亲情人性的基本底线。

法律适用

《刑法》第二百三十四条“故意伤害罪”指故意伤害他人身

体的，处三年以下有期徒刑、拘役或者管制。

犯前款罪，致人重伤的，处三年以上十年以下有期徒刑；致人死亡或者以特别残忍手段致人重伤造成严重残疾的，处十年以上有期徒刑、无期徒刑或者死刑。本法另有规定的，依照规定。

《刑法》第二百六十条“虐待罪”指虐待家庭成员，情节恶劣的，处二年以下有期徒刑、拘役或者管制。

犯前款罪，致使被害人重伤、死亡的，处二年以上七年以下有期徒刑。

第一款罪，告诉的才处理，但被害人没有能力告诉，或者因受到强制、威吓无法告诉的除外。

《刑法》第二百六十条之一“虐待被监护、看护人罪”指对未成年人、老年人、患病的人、残疾人等负有监护、看护职责的人虐待被监护、看护的人，情节恶劣的，处三年以下有期徒刑或者拘役。

与以上案例有关的法条就是“故意伤害罪”和“虐待罪”，但是，两罪的量刑却有着巨大差异。故意伤害罪的最高刑可以到死刑，而虐待罪的最高刑却只是七年以下有期徒刑。

之所以差异这么大，关键在于两个罪名的主体不同，故意伤害罪的犯罪主体是所有具备刑事责任能力的人，即年满十四周岁的人都可能成为该罪的犯罪主体。

而虐待罪的犯罪主体则需要是受害人的家庭成员，或者具有监护或看管职责的人。也就是说，该罪的犯罪主体具有特定性。

当然，最后到达适用哪个罪名定罪量刑，还需要依据案件调查取证的情况，从犯罪事实、犯罪的主观故意、犯罪的实施手段等多个角度来判断，特别是案例一和二中，实施暴力行为的人都不是孩子的监护人，也和孩子没有血缘关系。是否能够适用“虐待罪”来制裁他们的行为，值得商榷。

律师讲解

频频出现的虐童案，给我们的儿童保护和虐待罪的定罪量刑提出了挑战。因为虐待罪的犯罪行为出现在家庭成员或监护人和被监护人之间，发生地点通常在家庭内部，所以，这种犯罪带有长期性、隐蔽性的特点。

由于我国特殊的文化传统影响，很多人觉得家庭内部的事情是私事，他人、社会和国家不方便介入，所以导致在立法、执法和司法过程中，过度关注个人隐私权的保护，而忽略了民事主体作为权利主体，应当享受的基本人权，比如，生命权、健康权和名誉权等。

现在人员流动大，婚姻家庭的结构，伴侣配偶之间的关系都和以前存在不同，因此，作为家庭中的弱者，孩子和老人，他们面临的境况也发生巨大变化。

即便是还有家属、亲戚的关系，但是，现在很多人对于这些身份关系所附属的权利和义务，所伴随的责任和职责的认识多和以前不一样了。相应的，其行为也不再受这些权利义务和责任职责的约束，从某种程度上来说，家庭成员间的相互伤害，并没有因为存在特殊的身份关系而有所收敛。

基于以上的分析，以及参考国际上对于儿童保护的原则，呼吁赋予儿童全部权利，才是彻底解决虐童事件发生的办法。即：

从理念上改变父母子女之间的问题仅仅是私事的观念，将其视为他人、社会和国家公权力可以介入的领域。授予并鼓励邻居、老师、社区、医生等相关人士发现、制止、举报虐待和疑似虐待儿童行为的权利。

从法律上对于家庭内部针对血亲儿童和父母虐待行为的制裁，中国古代有“五服”制，对于血缘越近的亲属间的犯罪，处罚越严厉。

而我们现在的“虐待罪”的量刑，对于亲属间的伤害给予远远低于非亲属伤害的制裁，值得省思。

因此，建议将虐待罪的量刑能够提高到和故意伤害罪相同的等级，坚决打击家庭成员之间的肉体和精神的长期折磨和故意伤害。

相关法律规定释义

我国的《未成年人保护法》经过第二次修正，即将于2021年6月1日起实施。此次修正调整和增加的内容较多，一共增加了一万多字，由原来的七十二条扩充到一百三十二条。

新《未成年人保护法》中的亮点之一，就是增加了家庭对未成年人的保护责任，明确和细化了父母和其他监护人的责任，并规定了违反家庭保护责任的法律责任，使该法“长出了牙齿”，更具备威慑作用和可操作性。

其中第二章均为父母和其他监护人职责的规定，该章第二十条增加了“强制报告制度”，为避免和减少家庭内部的侵害未成年人权益的事件提供了可操作性的制度保障。

二、索赔 760 万，仅获赔 6.7 万，家长们要注意了

2017 年，未满 12 岁的小高，偷开 ofo 单车车锁，并逆向骑行，被一辆左转的大客车撞倒身亡，家属向 ofo 单车所属公司索赔 760 万元。

经过两年多的审理，2020 年 6 月，上海市静安区人民法院做出判决：ofo 单车所属公司向死者小高的父母赔偿人民币 6.7 万元，驳回其他诉讼请求。

法院的判决得到网友们的一致支持，原来“养不教，父之过”的古训如此深入人心。

法律适用

本案审理时间较长，原因在于原告（死者家属）的诉求涉及的主体分属不同法律关系，需要分开审理：

刚开始的时候，小高父母以大客车司机、客车公司和 ofo 单车公司为共同被告，索赔 800 多万元。

经过法院审查，告知小高父母，他们和客车公司及其司机之间的纠纷是道路交通事故纠纷，而他们和 ofo 单车公司之间是生

命权纠纷，两个法律关系不能放在同一个案件中审理。

因此，小高父母同意法院先审理其与客车公司和司机之间的道路交通事故纠纷，然后再审理和 ofo 单车公司之间的生命权纠纷。

小高父母和大客车公司及其司机之间的道路交通事故纠纷案中，法院认定小高作为未成年人单独上路骑行，且逆向行驶，导致事故，应当对事故负主要责任。

大客车司机是在路口正常行驶，左转弯，但是，对路口情况疏于观察，应当承担次要责任。

鉴于此，法院判决小高对事故承担 60% 责任，司机及其所属公司承担 40% 责任，最终小高父母获得 55 万元的赔偿金。

在生命权纠纷案中，法院认为虽然 ofo 单车存在解锁模式简单，对未成年人存在安全隐患的问题。但是，不满 12 周岁的小高私自破坏车锁，逆行上路骑行，导致事故，是造成严重后果的重要原因。

而小高父母作为小高的监护人，平时缺少对孩子的安全教育，怠于履行监护责任，才发生孩子私自破坏车锁、逆向骑行上路的情况，父母对小高发生意外负有不可推卸的责任。

因此，在生命权纠纷案中，法院最终认定 ofo 单车公司只负担 10% 的赔偿责任，向小高父母支付 6.7 万元赔偿金，驳回小高父母其他诉讼请求。

此判决出台后，得到网友一边倒的支持，体现出父母为未成年人第一监护人的理念深入人心。同时说明家庭教育的责任不应由全社会买单，加强父母的监护职责，减少悲剧的发生，才是解决此类问题的治本之策。

律师讲解

我国民法中，明确规定父母是未成年人的监护人，应当对未成年人履行抚养、教育和保护的义务。

自2017年10月1日实施《民法总则》开始，民法上的限制民事行为能力人的年龄下调至八周岁，即，年满八周岁的未成年人对于一些行为和事情已经具备一定的判断力，如果其履行了和其年龄和心智发育相匹配的行为，则视为有效，应当承担相应责任。

本案中的小高年满11周岁了，按照通常的理解，他应该知道破坏共享单车车锁是错误的行为，同时，也应该知道逆行是违章。

小高作为一个11岁的少年理应了解基本的道路交通安全规定，也应当知道自己有义务遵守。如今因为他的违规违章，导致悲剧，其自身也要承担部分责任。

《民法典》相关规定的释义

在有关监护人职责的规定中，《民法典》和《民法总则》的内容基本相同，即，也是秉承了《民法总则》2017年10月1日实施以来的原则，坚持了对被监护人利益最大化的原则，尊重人的自由意志表达的原则，弘扬了人文精神。

《民法典》第一千零六十八条和第一千一百八十九条均规定，无民事行为能力人或限制民事行为能力人给他人造成损害的，其监护人应当承担责任。

这些规定从另外一个角度强调了监护人履行职责的重要性和可能导致的后果，提示监护人认真履职，教育和保护好被监护人。

三、义务教育，一个都不能少

小梅，是一个北京女孩，已经七岁了。她的父母均为聋哑人，而小梅却耳聪目明，只是出生时因为宫内窘迫导致缺氧，使得她大脑受损，智力低下。

虽然父母聋哑，但是心思却是清楚的，他们认为女儿即便不能跟正常孩子一样学习知识，但是，也需要和同龄人接触，这样的生活能够让女儿快乐，也有助于她的大脑康复和智力发育。

于是，当小梅年满六周岁的时候，父母带她到住家附近的小学去报名，却被告知，因为小梅智力水平不达标，不符合入学条件，所以无法入学。经过小梅父母的解释，学校仍然不同意她入学。小梅只好跟随父母回家，又在家里玩耍了一年。

第二年，她已经七岁了。倔强的父母再次带领她来到学校，报名申请入学。这一次，经过测试，新履职的校长和小梅的父母沟通后，同意接收小梅进入一年级就读，同时说明，小梅的情况属于特殊教育范畴，在小梅随班就读的同时，学校会兼顾她的特殊情况给予一些照顾，但是要以不影响其他学生的正常学习为基本原则，希望小梅父母给予理解和支持。

面对校长的说明和叮嘱，小梅的父母十分感谢，对于他们来说，能让女儿就近入学，和同龄人一起学习成长，就是莫大的满足了。虽然一家人都身患残疾，但是，作为父母，他们也希望自己能够给予孩子最好的东西。

可是，开学不久，因为小梅反应迟缓，在学校运动会上拖了班级成绩的后腿，同学们都埋怨她，个别家长担心自己孩子的学习成绩受影响，也向学校提意见，要求将小梅调离这个班。

在这种情况下，一场关于权利、义务、公平和博爱的讨论在班级和学校里展开了。经过教委、学校、班主任和大多数家长的努力，现在这个班级的秩序一切正常，小梅已经被孩子们接纳，更加难能可贵的是，班级里其他孩子对于小梅所表现出来的关爱令人感动，他们在和小梅的互动中学会爱与被爱，上了人生中的宝贵一课。

法律适用

《义务教育法》第四条：凡具有中华人民共和国国籍的适龄儿童、少年，不分性别、民族、种族、家庭财产状况、宗教信仰等，依法享有平等接受义务教育的权利，并履行接受义务教育的义务。

《义务教育法》第十九条：县级以上地方人民政府根据需要设置相应的实施特殊教育的学校（班），对视力残疾、听力语言残疾和智力残疾的适龄儿童、少年实施义务教育。特殊教育学校（班）应当具备适应残疾儿童、少年学习、康复、生活特点的场所和设施。

普通学校应当接收具有接受普通教育能力的残疾适龄儿童、

少年随班就读，并为其学习、康复提供帮助。

2020年8月22日，教育部印发《关于加强残疾儿童少年义务教育阶段随班就读工作的指导意见》(以下简称《指导意见》)，指出“严禁任何基于残疾的教育歧视”“努力让每一名适龄残疾儿童少年都能平等接受公平而有质量的教育”。

“跟班就读”这一概念缘起于“随班就读”(Learning in Regular Classroom，LRC)，原本是指让部分肢残、轻度弱智、弱视和重听等残障孩子进入普通班就读进行教育的一种方式，其目的就是要让这些特殊孩子能够与普通学生一起活动、相互交往的同时，获得必要的有针对性的特殊教育和服务，以及必要的康复和补偿训练，以便使这些孩子能够更好地融入社会，开发潜能，为他们今后自主、平等地参与社会生活，成为有理想、有道德、有文化、有纪律的社会主义事业的建设者和接班人打好基础。

“随班就读”的措施不仅适用于残疾儿童少年，还适用于未成年犯。《义务教育法》第二十一条，对未完成义务教育的未成年犯和被采取强制性教育措施的未成年人应当进行义务教育，所需经费由人民政府予以保障。

根据第二十一条的规定，对于那些符合矫正条件的、违法犯罪的未成年人，如果尚处于义务教育阶段，则学校应该负责继续对其进行义务教育，允许其随班就读。这条规定体现了我国法律的惩罚和教育改造相结合的原则，给未成年人改过自新的机会，也是为了从根本上消除犯罪的源头。

律师讲解

针对残疾儿童少年的特殊教育是国际上已经长期开展的研究

和教育探索。在这个领域中，近些年出现“融合教育”的概念，即，将残障儿童少年安排在普通班级中，和普通学生一起学习生活。从而达到和普通学生的融合，促进残障儿童少年的康复、发育和潜能开发的目的。

而我国根据国情，提出“随班就读”概念，让残疾儿童少年和普通学生一起上课学习，在教学经费少的情况下，极大地提高了残疾儿童少年的入学率，也顺应了当前国际流行的“融合”、一体化教育的理念。可以说，“随班就读”是我国目前特殊教育的重要办学形式。

不过，因为残疾儿童少年的特殊性，所以，在普通教育机构中接受残障儿童少年，给学校和老师提出更高要求，也需要社会给予更多容忍和理解，在这方面，教育主管部门已经有了比较明确的规范和措施：

教师接受特殊教育培训，有条件的学校配备特殊教育老师，和普通老师进行配合。

专注于特殊学生的能力培养，潜能开发，而非知识传授。

给予特殊教育更多时间和空间，不纳入普通学生成绩测评和老师绩效考核。

鼓励家长参与融合教育，创造条件和机会进行亲子互动，家校合作，增强相互理解和班级建设。

尽管已经有了成功的经验和醒目的成绩，但是，各地对于残疾儿童少年入学的态度和操作仍然存在较大差异。其中，很多压力来自普通学生家长的不理解、不支持和不配合。

另外，普通学校老师缺乏特殊教育培训，或者倾注大量精力给特殊需要的孩子，的确影响正常教学的现状，也的确值得关注和急需改进。

《义务教育法》和《残疾人保护法》中都规定要尊重和保护残疾人，包括残疾儿童少年的合法权利。而受教育权是每一个残疾儿童少年的基本权利，因此，除了法律法规的完善，还需要政府、学校、社会和普通人对此的认识有所提高，才能将法条落实执行，实现残疾儿童少年的受教育权。

相关法律规定释义

除了上述《义务教育法》和《残疾人保护法》的有关规定之外，新修正的《未成年人保护法》对于残障儿童的保护也增加了详细和明确的规定，扫除了原来相关工作的模糊地带，明确了政府职责。

该法第八十六条规定：各级人民政府应当保障具有接受普通教育能力、能适应校园生活的残疾未成年人就近在普通学校、幼儿园接受教育；保障不具有接受普通教育能力的残疾未成年人在特殊教育学校、幼儿园接受学前教育、义务教育和职业教育。

各级人民政府应当保障特殊教育学校、幼儿园的办学、办园条件，鼓励和支持社会力量举办特殊教育学校、幼儿园。

四、离婚了，也要让孩子感受到父母之爱

小徐和老公六年前为了购买第二套房，办理了所谓的“假离婚”，用双方签署的一纸协议解除了四年的婚姻。当时，因为考虑到是为了买房办理的假手续，所以，小徐和老公谁都没在意协议内容，只是从网上下载了一个“离婚协议”的模板，照着其中的格式填空而已。

办理完毕手续，小徐才发现模板协议里的“甲方和乙方”分别指男女双方，不经意间，她自己成了协议里“净身出户”的乙方，把房子、存款和孩子的抚养权都交给了甲方，即自己的前夫。不过，小徐和老公忙着办理购房的各项手续，盘算着这样操作节省的税费，心里很高兴，“离婚协议”的内容早已经被抛到脑后。

生活按照原来的方式继续了半年多，忽然有一天，小徐得知老公有了外遇，而且还是自己的同事，在单位已经半公开化了，证据确凿。愤怒的小徐质问老公为什么出轨，而老公的回答让她犹如五雷轰顶：“我们两个都已经离婚了，我是单身，怎么不能找女朋友？你现在和我不过是同居关系。”

双方关系无法修复了，小徐带着儿子返回娘家居住。可是，

不久后，前夫和前婆婆找上门来，要求把孩子带走，理由是“离婚协议”里明确约定：孩子的抚养权归男方所有。

虽然“离婚协议”中约定前夫有孩子的抚养权，但是，因为对于小徐的探望权没有做出约定，所以，现在小徐能够根据法律规定要求对自己的探望权进行明确，比如，对孩子的探望时间和方式的约定，以解思念之苦。

目前，小徐已经将前夫告上法庭，让法院来判决她探望儿子的时间和方式，保障孩子能够得到来自母亲的关爱，让父母离婚给孩子造成的负面影响降到最低。

法律适用

《婚姻法》第三十八条规定，离婚后，不直接抚养子女的父或母，有探望子女的权利，另一方有协助的义务。

行使探望权利的方式、时间由当事人协议；协议不成时，由人民法院判决。

《婚姻法司法解释一》第二十四条规定，人民法院作出的生效的离婚判决中未涉及探望权，当事人就探望权问题单独提起诉讼的，人民法院应予受理。

《婚姻法司法解释一》第三十二条规定，婚姻法第四十八条关于对拒不执行有关探望子女等判决和裁定的，由人民法院依法强制执行的规定，是指对拒不履行协助另一方行使探望权的有关个人和单位采取拘留、罚款等强制措施，不能对子女的人身、探望行为进行强制执行。

探望权的设立是为了子女身心健康发育，避免孩子因为父母离婚而遭受情感伤害和缺失。因此，在设立和执行探望权的时候，各方均应当遵循对子女最有利的原则。司法实践中，法官或执行人员在设立和执行探望权的时候，对于年龄在八周岁以上的未成年人，还常常征求他们的意见，以达到探望权设立的目的。

律师讲解

探望权的法律规定的立法精神体现了“以人为本”的原则，通过立法来保障未成年人子女在父母离异后，也能够得到亲情关爱，减少和避免孩子的感情缺失，帮助他们获得正常的身心发育成长。

探望权的行使方式有两种，一种是逗留式探望，另外一种是看望式探望。

第一种方式指未与子女共同生活的父或母，按照约定或判决内容，将子女带离日常生活场所，共同生活或相处一段时间，然后再送回的方式。比如，一方在周末将孩子带到自己居住的地方，和孩子共度周末，或者外出游玩。这种方式通常适合年纪在八周岁以上的，能顺畅表达自己想法的、对父母情况比较了解的孩子。这种短期脱离日常照顾人的方式不会引起孩子的焦虑和不安。

第二种方式指未与子女共同生活的父或母，按照约定或判决内容，来到子女日常生活场所，和孩子一起玩耍、共同进餐等等。孩子不脱离日常照顾人，这种方式适合年纪较小、尚不能顺畅表达自己的想法，或者存在分离焦虑的八周岁以下的孩子。

根据最高人民法院《关于人民法院审理离婚案件处理子女抚养问题的若干具体意见》的规定，两周岁以下的子女以由母亲抚养为原则，特殊情况下，也可以由父亲抚养。

上述案例中的问题在于，签署“离婚协议”时，小徐的儿子刚刚年满两周岁，而双方关系恶化，真正分开的时候，孩子将近三岁了。

因此，即便小徐以孩子年龄小、适合跟随母亲生活为由要求变更抚养权，也缺乏事实和法律的有力支持，难度很大。

由于婆媳不和，所以，在孩子三岁多的时候，如果小徐想采取逗留式探望的话，她的前婆婆不同意，婆婆的意见影响着前夫的决定。

而如果采取看望式探望的话，对于小徐来说，心理上很难接受，她不愿意有婆家人在场。

本案经过法院调解，双方最后达成谅解，前夫考虑到小徐是孩子的亲生母亲，自孩子出生后，为孩子付出很多，于是，他同意小徐每周六把孩子接走，晚上八点前送回来。等到孩子上小学以后，征求孩子的意见，再决定是否调整探望的时间和方式。

《民法典》相关规定的释义

《民法典》第一千零八十四条第三款，离婚后，不满两周岁的子女，以由母亲直接抚养为原则。已满两周岁的子女，父母双方对抚养问题协议不成的，由人民法院根据双方的具体情况，按照最有利于未成年子女的原则判决。子女已满八周岁的，应当尊重其真实意愿。

《婚姻法》第三十六条第三款，离婚后，哺乳期内的子女，以随哺乳的母亲抚养为原则。哺乳期后的子女，如双方因抚养问题发生争执不能达成协议时，由人民法院根据子女的权益和双方的具体情况判决。

由此可见,《民法典》第一千零八十四条直接吸纳了最高法院有关司法解释的内容，明确了两周岁以下子女由母亲抚养的原则，摒弃了原来“哺乳期内”的模糊说法，减少了歧义。

另外,《民法典》中第一次说明了“最有利于未成年子女的原则”，这给当事人、法院和其他相关人员在判断和处理相关事项提供了行为准则和依据，有助于各方做出理智合理的决定。

比如，在上述案例中，虽然小徐的儿子年纪尚幼，原则上不适合逗留式探望，但是，因为小徐是孩子的亲生母亲，一直哺乳到孩子两岁，和孩子之间有深厚的感情和亲密的关系。所以，由小徐带孩子独处一天，对于孩子来说是宝贵的亲子时光，有助于帮助孩子适应和理解家中发生的重大变故，有助于让孩子尽快摆脱和母亲分离的焦虑，重新获得安全感。

2021 年 1 月 1 日起《民法典》正式实施，直接替代现行的《婚姻法》，这些融合了婚姻法和相关司法解释的条文直接适用于社会生活。那些和《民法典》不冲突、保持一致的司法解释也将继续有效，辅助民法典解决生活中的相关问题。

五、离异父母给付子女抚养费是法定义务

滕俊和毛爽在大学里相识，只不过当时滕俊是博士在读，而毛爽是本科大二。六岁的年龄差没有阻挡住他们炽热的感情，毛爽大学一毕业，他们就结婚了。婚后不久，毛爽就生下了一个男孩。

两个人相互扶持一起求学和工作，等到儿子上小学的时候，毛爽也已经博士毕业，成为了一名大学老师。眼看着妻子的事业蒸蒸日上，滕俊的心理发生了扭曲，他总是觉得毛爽外出调研、培训、开会都是借口，其实是去搞外遇，不管毛爽怎么解释，都无济于事。

经过了好几年的夫妻间的摩擦和争吵，这桩婚姻终于走到了尽头。为了维护读书人的脸面，他们决定协议离婚，在“离婚协议”中约定：

第一，两个人婚后购买的房改房（学校里分配给他们的，后来房改，将产权出售给了他们）归毛爽所有。

第二，家中的共同存款和小汽车一辆均归滕俊。

第三，孩子的抚养权归毛爽，滕俊则不负担抚养费。

第四，双方之间无夫妻共同债务。

他们离婚时，孩子正是小升初的年纪。经过三年，孩子面临中考。而毛爽在单位的工作日益繁重，不得不请保姆来帮忙照顾孩子，而且孩子的各种补习班的费用也逐年增加，经济压力越来越明显。于是，她向前夫滕俊提出请求，想让他每月负担一部分孩子的抚养费，以解燃眉之急。

可是，滕俊却拒绝了。他的理由是：当初离婚时，没有和毛爽争房产，将价值几百万的房产都给了毛爽，自己所获得的存款和车辆的价值与此相比，差额很大。另外，他已经再婚，也有家庭负担，无力承担给付抚养费的责任。

协商未果，并由于离婚后滕俊几乎没有探望过孩子，心怀愤懑的毛爽以孩子的名义，将滕俊告上法庭，要求他每月给付抚养费人民币 1500 元，直至孩子 18 周岁。

法律适用

《婚姻法》第三十六条规定，父母与子女间的关系，不因父母离婚而消除。离婚后，子女无论由父或母直接抚养，仍是父母双方的子女。

离婚后，父母对于子女仍有抚养和教育的权利和义务。

《婚姻法》第三十七条规定，离婚后，一方抚养的子女，另一方应负担必要的生活费和教育费的一部或全部，负担费用的多少和期限的长短，由双方协议；协议不成时，由人民法院判决。

关于子女生活费和教育费的协议或判决，不妨碍子女在必要时向父母任何一方提出超过协议或判决原定数额的合理要求。

根据最高人民法院《关于人民法院审理离婚案件处理子女抚

养问题的若干具体意见》和给一些地方高院的批复，可以总结出司法机关对于此类案件的处理原则和方式：

坚持父母是孩子的抚养人的基本原则，即便离婚时，某一方放弃给付抚养费的要求，那么，对于该方变更抚养权负担或子女增加抚养费的要求，法院一般都持支持态度。

在判断是否应该承担抚养费，或增加抚养费的过程中，一般遵循以下几个标准：第一，子女的实际需要。第二，给付抚养费一方的负担能力。第三，当地的实际生活水平。

本案中，虽然离婚时滕俊将高价值的房产给了毛爽，但是，并非说明是抚养费的补偿。相反，实际情况是，毛爽和孩子除了这套房子什么都没得到，而房子又不能卖掉变现。滕俊离婚后住在自己父母家，他得到的存款使得他的日常生活的现金流更加健康，没有资金压力。

毛爽以孩子的名义向滕俊提出给付抚养费的要求，是基于实际情况的改变，同时，其所主张的金额也仅仅是滕俊工资收入的10%左右，合理合法，并没有超出当地实际生活水平。

因此，毛爽的要求不仅符合法律规定，也符合判断是否应该变更或增加抚养费的标准，她的请求将会获得法院支持。

律师讲解

夫妻离婚，解除的是双方之间的婚姻关系，但是，父母和子女之间的血亲关系则是永远割不断的，因此，即便是某一方放弃了要求抚养费的权利，也不意味着给付方就免除了抚养、教育子女的义务。

除非是收养关系，可以通过协议和登记方式解除，血亲关系无法解除，我国法律不承认“解除父子关系”声明，只要他们是亲生父子，就永远是父子。

正因为有这种无法解除的亲生父母子女关系，所以，离异且未与子女共同生活的一方仍然需要承担子女的抚养、教育和保护义务。

这样的规定一方面为了敦促人们谨慎结婚、离婚，维护社会稳定。另外一方面也是为了保障未成年子女的权益，让他们在父母离异后仍然能够得到来自双方的抚养和帮助，以便能够顺利长大，成为合格的国民。

《民法典》相关规定的释义

《民法典》第一千零八十四条沿用了现行《婚姻法》第三十六条的内容，所不同的是，在保留父母对子女拥有抚养和教育的权利和义务之外，增加了“保护的权利和义务”。

法条将抚养、教育和保护均表述为“权利和义务”，即，不论父母是否离婚，不论他们是否和子女共同生活在一起，他们都有抚养、教育和保护子女的权利和义务。其他人无权剥夺。

平时提起抚养、教育和保护的义务，大家很好理解。但是，此处增加了“权利”则更凸显了法律对于未成年子女权益的保护，即，即便是不拥有子女抚养权的一方，也有权对侵害子女合法权益的行为给予制止，他们出于抚养、教育和保护子女的目的，有权这样做，这是他们的权利。

六、保障妇女生育权，就是保护孩子的权利

肖女士和丈夫婚后十年没有生育，经历了六次流产，肖女士已经彻底放弃了生孩子的打算。

可是，丈夫和婆婆却还不死心，总念叨着要再试试。每当这个时候，肖女士就揪心地紧张，那些流产的记忆让她感到不寒而栗。

就这样紧张又纠结地过了两年，肖女士迎来了自己的四十岁生日。在生日晚餐时，她明确地告诉丈夫，自己不想再怀孕生孩子了，既然身体条件不允许，就没必要勉强。

而丈夫的反应冷淡，对肖女士的提议不置可否，第二天就借口单位加班没有回家过夜。

一个月后，肖女士接到了丈夫起诉离婚的法院传票，对此，肖女士感到心如刀割，她没想到丈夫竟然如此决绝，没有和她商量就起诉离婚。而在她的心里，对丈夫还存着一份温情，不想离婚。

拿着这份起诉书，肖女士想知道，如果她坚决不同意离婚，法院会怎么判决呢？仅仅因为生不生孩子这件事，就能导致十多年的婚姻，一下子解体吗？

法律适用

《宪法》和《婚姻法》中都规定，夫妻有实行计划生育的义务。从这样的规定中，我们可以看出，在履行计划生育义务的时候，夫和妻应当承担相同的责任。

《人口与计划生育法》第十七条，公民有生育的权利，也有依法实行计划生育的义务，夫妻双方在实行计划生育中负有共同的责任。该条中明确显示，公民有生育的权利，这是基本人权，其含义是生育自由，包括，何时生育、生育的数量和选择生育或不生育。

《妇女权益保障法》第五十一条明确规定，妇女享有生育的权利，也享有不生育的自由。但是，法律中并未有特殊针对男性的类似规定。即，在是否生育这个问题上，女性拥有绝对的主导权。

《〈婚姻法〉司法解释三》第九条中还规定，夫妻双方因是否生育发生纠纷，致使感情确已破裂，一方请求离婚的，人民法院经调解无效，应依照婚姻法第三十二条第三款第五项的规定处理。而婚姻法的这个第五项规定就是法律承认的“导致婚姻破裂的情形”。

综上，如果肖女士和丈夫在是否生育这个问题无法达成一致，那么，法院将认为他们之间的感情已经破裂，符合离婚的条件，可以判决离婚。

律师讲解

现代婚姻和以前不一样，但是，无论怎么演变，截至目前，婚姻的重要职能之一就是繁衍后代，特别是在比较传统的、深受儒家文化影响的东方国家。

但是，生育这个问题，不是仅仅靠一方就能完成的，必须是夫妻双方共同努力。而在这个过程中，女方因为自身生理特点，承担着比男方更为繁重的生育责任。从十月怀胎、到一朝分娩、再到哺乳与抚养后代，女方的付出对于孩子的健康和安全成长都有着不可替代的作用。

又因为自古以来，妇女的地位低，在生育权方面，长期处于弱势地位。因此，不仅我国法律，还有联合国的相关规定，都对妇女的生育权提出了特殊保障，以平衡和男性之间的强势地位。

生育是两个人的事情，且应该是以感情为基础的。如果一方违反对方的真实意愿，逼迫对方怀孕，那么，一方生育权的实现是以侵犯对方生育权为条件的，这是侵权的行为。

因此，我国法律不承认男方生育权受侵害的说法，《〈婚姻法〉司法解释三》第九条规定，夫以妻擅自终止妊娠侵犯其生育权为由请求损害赔偿的，人民法院不予支持。

综上，法律规定保护妇女的生育权和不生育的自由。在这个问题上，妇女的生育权行使不受任何人的左右，其丈夫不得强迫妻子生育。夫妻之间协商确定生育子女，共同抚养，也是最大限度保护未成年人的权益，使之能够获得良好的成长环境。

《民法典》相关规定的释义

《民法典》在保护妇女生育权方面并没有变化，照常给予支持。

《民法典》第一千零七十一，一千零七十三，一千零八十二和一千零八十四条针对非婚生子女的身份认定、离婚子女抚养等问题都进行了完善，因为现实中，怀孕生子后的女性往往处于弱势状态，抚养子女的负担让她们更加难以获得职业上的发展。

《民法典》新增和补充完善的条文，体现了对于女性（因为女性面临此类问题的情况更多）的关心和帮助。

现行婚姻法中的很多规定被《民法典》继承，因此，和这些规定相配套的司法解释不会随《婚姻法》失效而终止，而是会在司法实践中继续发挥作用。

最高人民法院未来会将这些司法解释进行整理汇编，成为和《民法典》相配套的文件，用之于司法实践工作中。

七、校园欺凌给心里砸了一个洞，该如何修补？

北京某中学一位彭姓女生，有一天忽然不愿意上学，且出现明显的情绪抑郁和自残行为。幸亏彭姓女生的父母发现及时，在对其进行安抚的同时，和班主任老师取得联系，双方一起商讨解决办法，才发现事情的原委。

原来，彭姓女生从小身材丰满，上了初中之后，青春期发育更是显得有点肥胖。于是，班级上有几个女生就合伙欺负她，从给她起外号、冷落她，到暗中罚她跑步，最后发展到不让她吃午饭。

彭姓女生曾经慑于她们的威胁，极力迎合，积极减肥，想改变受欺负的情况。但是，大半年过去了，这几个人的行为变本加厉，毫无收敛。每天在学校中的经历让彭姓女生产生担心、害怕和极度自卑的情绪。

她不敢跟老师和家长反映情况，担心自己被这几个女生报复。直到某一天早上，想到自己上学后，将再次面临她们的戏弄和欺辱，彭姓女生崩溃了，向父母提出退学，并将自己封闭在房间内，以逃避现实。

看到女儿神情恍惚，自闭抑郁，彭姓女生的父母心急如焚。在接受了学校心理老师的专业咨询之后，他们决定让女儿暂时在家休养，不去上学了。同时，学校就此事对几个施暴的女生进行批评教育，并请来她们的家长，一起进行训诫和处分。

后来，这几个女生还是照样上学，行为有所收敛，但是，这点教训和她们造成的伤害相比，显得微不足道。彭姓女生在休学一个学期后，情况恢复正常，却转到另外一个学校，再也不愿踏入原来学校一步。

法律适用

美国是全世界中较早对校园霸凌行为进行研究，并颁布法律进行打击的国家之一。1990 年，美国联邦国会就通过了《校园安全法》。目前，全美大多数的州都已经有专门制裁此类行为的法律，只要出现霸凌行为，不论严重与否，都会受到严厉处罚，比如：警告、停学、开除、民事或刑事责任等。

尽管如此，霸凌事件还是不断在美国出现，令人更生出感慨：到底是怎样的原因致使这样的情况屡禁不绝呢？青少年的行为和法律意识该怎么约束和教育呢？

随着互联网的发展，我国校园里的欺凌现象也时有发生，校园中出现的霸凌事件的形式、手段和原因都与外国趋同化。信息传播迅速，青少年通过网络了解到外部世界，感受新奇，相互模仿，获取感官满足。

霸凌事件新形式，已经从动手互殴和开口辱骂，演变成不雅视频传播、网络诋毁和精神虐待。我国目前出现的一些严重的可以称作霸凌的事件中，我们也看到这些方式。这不是简单的巧合，而是互联网信息传播带来的蝴蝶效应。

我国尚未出台“校园安全法”，相关立法还在提案过程中。自2017年至今，已经有多位人大代表和政协委员呼吁尽快制定实施“校园安全法”，以遏制目前越来越多的恶性事件。

法律出台还需要时间，在当前的情况下，我们只能依靠现有的《治安处罚法》《侵权责任法》《未成年人保护法》等法律法规来制裁相应责任人。

本案，施暴者的行为虽然没有给受害者造成严重的肢体伤害，但是，对其心理伤害却是非常大的，不能忽视。

因此，根据目前《刑法》和《治安处罚法》方面的规定，无法追究施暴者的法律责任。

从《侵权责任法》的角度看，这几个施暴女生的行为已经严重侵犯了彭姓女生的合法权益。她们和其监护人应当根据《侵权责任法》的相关规定，对彭姓女生给予赔偿。

在这个方面，法律可以通过追究民事和经济责任的方式，来对施暴者的监护人施加压力和影响力，从而达到督促监护人加强教育、杜绝此类情况再次发生的目的。

律师讲解

国际上认为，构成校园欺凌的条件主要有三个：

第一，施暴者明显利用年龄、人数或地位上的优势。比如，以多欺少，以大欺小，以强欺弱。

第二，施暴者对受害人的侵害持续时间较长，并非临时起意，或者偶尔为之。

第三，施暴者的侵害行为总是针对某个人或某几个人，带有明显的针对性。

除此之外的情况，学者认为要谨慎认定为校园欺凌（霸凌），因为青少年学生之间偶发的肢体冲突是难免的，也是正常的。这是这个年龄段的孩子固有的行为特点。

当然，即便是不构成校园欺凌，对于那些伤害他人身体和心理健康的侵害行为，也是需要进行制止和惩罚的。

针对当前网络侵权案件的增加，国家互联网信息办公室于2019年10月1日发布实施了《儿童个人信息网络保护规定》，在《网络安全法》和《未成年人保护法》的基础上，给予未满十四岁的未成年人的个人信息的网络保护提供了特别规则。

不过，在现行的保护未成年人法律和侵权责任法律中，虽然对于校园欺凌和其他侵权行为都能找到救济的手段，但是，校园欺凌的特殊性造成的受害者心理创伤的补偿，还是没有得到足够的重视，也缺乏必要的手段给予制裁。

如本案中，彭姓女生的身体没有受到任何伤害，但是，她的心灵却是伤痕累累，千疮百孔。

而现行法律法规中，对于校园欺凌和侵权行为造成的精神和心理伤害都没有相应的补偿和赔偿规定，更没有伤情鉴定标准，无法据此给予制裁和赔偿。

可是，精神和心理伤害的严重性不亚于肢体伤害，且复原难度大，时间长。对此，有关部门和专家应该引起重视，并尽快制定相关规定，改变这种现状。

另外，作为关注儿童权利保护的法律人，在强调加强法律建设，严惩施暴者之外，也呼吁家庭、学校和社会，在平时的生活中，培养孩子的自信和自强，增强自我保护意识和自我认同感。

⚖《民法典》相关规定的释义

《民法典》中没有针对校园欺凌的专门规定，但是，法典中沿袭了现行未成年人保护法、网络安全法、侵权责任法等法律的内容，并更加明确和加强了对于民事主体的保护。

《民法典》第一千一百九十五条至一千一百九十七条，对于网络运营商的职责和义务进行了细化，规范了其网络运营过程中应当承担的避免侵权、防止损失扩大化的义务。

另外，前述《儿童个人信息网络保护规定》第九条、第十条等规定，规范了网络运营商收集、储存、使用和披露儿童个人信息的行为，并赋予儿童和其监护人针对网络运营商的违法或不规范操作进行禁止和维权的权利。

这其实是给予未满十四岁的未成年人的个人信息网络保护提高了标准和要求，有利于保护儿童的权利。

但是，笔者认为，该儿童个人信息保护规定的颁发机构的级别较低，仅仅是国务院下辖部门。建议在未来能够由国务院，或全国人大常委会出台针对儿童权利保护的专门法律，以更加有力地保护儿童权益。

八、杀害女儿同学的父亲伏法，法律的公正无法复原两个破碎的家庭

2020 年 7 月 17 日，经过最高人民法院复核批准，浙江温州中级人民法院对杀害 9 岁男孩的罪犯林某执行了死刑。这场起源于两个孩子之间小冲突的杀人案，以两个家庭均付出生命代价而终结。

事情的起因并不复杂，2018 年 9 月 19 日，四年级的两个孩子，林某某（林某的女儿）和同学叶某某（死者，9 岁）因为一点小误会，发生了肢体冲突。叶某某挥手打到了女孩的眼睛，但是，其实并无大碍。女孩的眼睛没有红肿，也没有血丝，第二天照常上学。

而事发当天，班主任就协调双方家长进行了沟通，男孩的妈妈表示了歉意，愿意陪同看病，并承担费用，同意让男孩向女孩道歉。

但是，林某却认为男孩父母的态度不好，老师没有让男孩在全班同学面前公开道歉，都是对自己女儿的怠慢和欺负。

于是，第二天，他趁着学校举行降旗仪式的时候，溜进校园，将男孩骗到卫生间，用剪刀刺死了孩子。

事情发生后，舆论哗然。而其中最刺耳的，就是竟然有人对这个非法剥夺他人生命的人给予同情和理解，难道一个 9 岁孩子的无意之举，就是那么罪大恶极，需要付出生命的代价吗？难道这个心怀不满的父亲，有权随意剥夺他人生命吗？

发生冲突后，都只见成年人的身影和声音，而事件的主角，两个孩子的想法却无人理会。这就是我们现在处理校园冲突过程中最大的问题，即，成年人总是从自己的视角来看待孩子们的世界，无视孩子的心理和生理特点，无视教育规律。

法律适用

首先，两个孩子之间的冲突，是正常的突发情况，不属于恶劣的校园欺凌，详见前述故事中有关校园欺凌的必要条件。

因此，老师处理此类事件的流程就是批评教育，外加赔礼道歉。由于未造成严重的后果，所以，第二天让孩子们正常上学，都是合理合规的操作。

北京市教委和各区教委都有规范的校园突发事件处理办法，指导老师按照科学合理的方法处理学生之间的这种突发的小冲突，既要维护校园秩序，也要对一些不良行为进行惩戒。但是，都是局限于非恶性的突发事件，不构成严重后果。

本案中的林某出于自己个人的不满，就怀揣凶器，有预谋地将男孩骗到卫生间，将其杀害。其居心格外残忍，手段极其恶劣，是每一个人善良的正常人都无法接受的。

不仅因为他伤害了他人生命，而且因为他伤害的是一个未成年的孩子。他的女儿是他的宝贝，而男孩也是他的父母的宝贝，为人父母者，将心比心，怎么能做出这样的事情？

根据本案的事实，法院依据《刑法》认定林某非法剥夺他人生命，犯有故意杀人罪。虽然林某事后有自首情节，但是，鉴于其手段的残忍和社会影响之恶劣，法院并没有接受自首从轻的意见，仍然判决林某死刑，立即执行。

律师讲解

就林某杀人案，事实清楚，证据确凿，在法律上是没有什么争议的。但是，在案件披露出来后，网络上出现的对林某抱有同情的声音，倒是十分值得警惕的：

虽然林某对于问题处理不满意的心情可以理解，但是，无论如何，举刀刺向一个毫无防备又非常无辜的孩子，却是无法原谅的罪行。因为非法剥夺他人生命，是非常严重的侵权和犯罪行为。

“未经审判不得定罪”是一条基本的法律原则，即，任何人在未经法院审判定罪前，都被视为无罪的。更何况是一个无辜的孩子？谁都没有权利凭着一己私利，就剥夺他的生命。这样的人，必定要受到法律制裁。

《宪法》中对于公民的权利义务有明确的规定，每个人都享有生命权，神圣不可侵犯。每个孩子都有自己的合法权益，每个孩子的父母都有抚养和教育孩子的责任和义务。权利的享有和行使有边界，越界就是侵权。

另外，家长们还需要了解一些教育常识，儿童心理专家的研究已经表明，十岁左右的孩子正处在情绪控制的关键期。他们开始从被动学习转向主动学习，社会交往增加，但是辨别是非的能力还较差，常常感到不安。他们的行为开始从家庭为中心向社会和学校转变，同伴关系和友谊渐渐成为影响他们的重要因素。

刚刚开始社会交往的孩子们，也是伴随着磕磕绊绊。他们不懂掌握分寸，不懂包容和理解，一切凭着本性，毫不掩饰自己的情绪和好恶。因此，冲突和矛盾在所难免，小打小闹就是家常便饭。

作为家长和老师，作为成年人，应做的不仅仅是批评教育，而且还应该看到成长和不足，帮助孩子们学习社会交往，学会待人接物，让自己融入大集体，让自己具备团队合作精神，助力未来更好的发展。

林某为了爱女儿，不惜对女儿的同学痛下杀手，不仅愚蠢，而且可悲。他只知道用暴力向一个孩子讨回说法，却不知道他的狭隘的、自私的爱，会给女儿带来一生的痛苦。他的女儿将一生都活在“杀人犯的女儿”的阴影下。

最新《未成年人保护法》相关规定释义

最新《未成年人保护法》对于父母和其他监护人的教育保护的监护职责提出了更为明确的要求，如，第十九条规定：未成年人的父母或者其他监护人应当根据未成年人的年龄和智力发展状况，在作出与未成年人权益有关的决定前，听取未成年人的意见，充分考虑其真实意愿。

因此，今后在父母和其他监护人履行监护职责的过程中，首先要学习提高自身的文化素质，科学合理了解孩子们的身心发育特点和情况，不能仅仅凭借自己的单方面理解，忽略孩子们的感受和意见，做出一些过激的、不理性和不科学合理的举动，导致矛盾的升级和伤害的扩大。

九、该拒绝的时候勇敢说“不”，告诉女孩如何保护自己

北京曾经发生过猥亵女性案件，事情经过是这样的：

某女和某男谈恋爱，确定关系三个月后就同居了。同居期间，多次发生男方强迫女方发生性关系的情况，女方虽然不情愿，但是，最终都服从了。直到某天，男方为了检验女方是否忠诚于他，竟然让女方和家里的狗媾和。

女方受不了此等侮辱，夺门而出，跑到派出所避难，才让此事曝光，男方以猥亵妇女的罪名被追究法律责任。

而事后，有心理专家对女方进行心理疏导和咨询时，女方承认，她以前一直觉得男方强迫她发生性关系是爱她的表现，电视剧里经常这样演。她羡慕那些光鲜的明星，羡慕电视剧里的生活，因此，她觉得男人爱女人就是这样的，根本不知道男方的行为是对她的伤害。直到男方让她跟狗发生关系，她才恍然大悟，原来，她的忍让被男方视为软弱和愚蠢。

法律适用

根据《刑法》第二百三十六条，强奸罪指违背妇女意志，使

用暴力、胁迫或者其他手段，强行与妇女发生性交的行为，或者故意与不满十四周岁的幼女发生性关系的行为。

根据女方的陈述，在同居后，男方多次强迫她发生性关系，但是，因为她的软弱和无知，没有及时收集证据和报警，在后来躲进派出所的时候，她针对男方的强奸指控，因为间隔时间太长，证据不足，而无法定罪。

2015 年 11 月 1 日起施行的《刑法修正案（九）》规定，所谓猥亵，是指以刺激或满足性欲为目的，用性交以外的方法实施的淫秽行为。

猥亵罪只指以暴力、威胁或者其他手段，违背男性女性或者儿童的意志，强制猥亵或侮辱男性女性或者儿童，并且情节严重构成犯罪。

本案中，男方构成猥亵是没有争议的，但是，是否构成猥亵罪需要认真甄别一下：

第一，男方强迫女方，违背女方意愿。

第二，男方采取的手段是暴力和威胁，在房间里，男方曾经殴打女方，以逼迫女方就范。

从女方逃跑出来到派出所避难，以及女方身上的伤痕都可以证明以上两点。

因此，男方的猥亵行为构成犯罪，应该是没有问题的。

律师讲解

受害女方只有 19 岁，涉世未深，在她的青少年时期，她对于社会和人生的看法很多来源于文学作品、流行文化和道听途说。

此案中的男方固然行为卑劣，但是，从保护女性的角度看，事后追责仅仅是一个方面，如何帮助女性建立自我保护意识，树立自尊自爱的行为价值观，也许才是避免此类情况再次发生的关键。

2005 年修订的《妇女权益保护法》第一次提出“性骚扰”的概念，被视为我国法治的一个进步。

性骚扰是一种以侵犯他人人格尊严权为特征的民事侵权行为，它以不受欢迎的与性有关的言语、行为、信息、环境等方式侵犯他人的人格权。而且，性骚扰不仅指男性对女性的骚扰，还包括女性对男性的骚扰。

但是，基于我国独特的文化传统，目前普遍存在的还是男性对女性的骚扰行为比较多。

在西方国家，对于性骚扰的定义是比较宽泛的，甚至办公室里面一个黄段子，都可能被认定为性骚扰，说笑话的人会被追究法律责任。

美国每年的性骚扰案件比国内多很多，不是因为我们比他们好太多，而是因为我们的容忍度或者说忽视度比他们高很多。

电视剧的受众人群很庞大，特别是我国还没有进行分级，露骨的、不恰当的骚扰画面直接在千家万户中出现，不加解释，没有谴责，很容易给青少年带来负面影响。

因此，作为深受广大群众和孩子们喜爱的传媒形式，各种媒体和影视作品在这方面应该肩负更多责任。为青少年的权利保护，为他们进行良好行为指引和导向，提供更多示范和帮助。

最新《未成年人保护法》相关规定的释义

最新《未成年人保护法》即将于 2021 年 6 月 1 日实施，其中增加了较为详细的针对未成年人保护的社会责任的内容，即该法第四章“社会保护”内容。

如，第四章第四十八条规定：国家鼓励创作、出版、制作和传播有利于未成年人健康成长的图书、报刊、电影、广播电视节目、舞台艺术作品、音像制品、电子出版物和网络信息等。

针对当前和未来网络使用普遍的情况，该法特意增设第五章内容，“网络保护”，明确政府有关信息和网络主管部门也要一并肩负未成年人保护的职责，从而弥补了原来未成年人网络权益保护缺失的问题。

如，该法第六十六条规定：网信部门及其他有关部门应当加强对未成年人网络保护工作的监督检查，依法惩处利用网络从事危害未成年人身心健康的活动，为未成年人提供安全、健康的网络环境。

第六十七条规定：网信部门会同公安、文化和旅游、新闻出版、电影、广播电视等部门根据保护不同年龄阶段未成年人的需要，确定可能影响未成年人身心健康网络信息的种类、范围和判断标准。

第六十八条规定：新闻出版、教育、卫生健康、文化和旅游、网信等部门应当定期开展预防未成年人沉迷网络的宣传教育，监督网络产品和服务提供者履行预防未成年人沉迷网络的义务，指导家庭、学校、社会组织互相配合，采取科学、合理的方式对未成年人沉迷网络进行预防和干预。

任何组织或者个人不得以侵害未成年人身心健康的方式对未成年人沉迷网络进行干预。

十、针对 14 岁以上男童的性侵犯，应当加强惩戒

案例一：

北京男孩小关，16 岁的时候结识了一名 19 岁的女大学生。涉世不深的小关被女孩成熟妩媚的仪态举止吸引了。他觉得女方做出的一些颇具挑逗性的举动十分浪漫，他并不知道那些举动其实在一段刚开始不久的、正常的感情关系里是不同寻常的。他简单地认为，这是因为自己的魅力巨大，女方才会这样做的。

交往没多长时间，两个人偷食禁果，成为如胶似漆的一对小情侣。可是，一年后，小关被查出感染了艾滋病毒。虽然经多方救治，但是终究没能躲过一劫。他去世的时候只有 18 岁，含辛茹苦抚养他长大的单亲妈妈，一夜白了头。

而在他发病治疗期间，女方就已经消失不见了。也许女方也已经重病缠身。因为从医生的流行病调查结果来看，生活轨迹和圈子简单的小关，通过和女方性行为感染艾滋病的概率是非常大的。该名女生是已经在相关医院确诊的艾滋病患者，并定期到医院取药治疗。

案例二：

北京一所重点中学的高中男生，在即将参加高考的时候，被他结识的几个社会青年带到一所酒吧，六个二十多岁的小伙子，一起针对他进行了性犯罪。

虽然后来施暴者受到了惩罚，但是，这个孩子也错过了当年的高考，身心受到了巨大伤害，康复了两年多，才重新走入考场。

痛定思痛，孩子的家长后悔不已，因为他们觉得自己的孩子是男孩子，参加同性之间的聚会应该没有问题。但是，家长没想到的是，社会上的人员复杂，有些人恰恰就是利用大家这种心理，将黑手伸向了未成年的男孩子。

法律适用

虽然遭受骚扰的女性不少，但是，并非只有女性才会碰到这样的情况，男性也会成为受害者。

由于长期形成的性别偏见，所以，针对男性的性犯罪一直没有引起重视。

比如：根据《刑法》强奸罪规定，性侵害妇女和十四周岁以下幼女构成该犯罪。该罪不包括针对男性的性侵害。

又比如：根据《刑法》猥亵罪和侮辱罪规定，性侵害妇女和十四周岁以下儿童构成该犯罪，该罪侵犯对象不包括十四周岁以上十八周岁以下的未成年男性，也不包括成年男性。

2015 年 11 月 1 日实施的《刑法修正案九》中，第一次在“猥亵罪”中，明确将男性也包括在性犯罪的受害对象中，使得遭受性犯罪的男性，得以通过法律得到保护。

即：《刑法修正案九》中将《刑法》第二百三十七条中猥亵“妇女、儿童”的条款修改为猥亵“他人”，从而扩大了该条款保护的受害主体范围，将男性也包括进来了。

因此，从《刑法修正案九》开始，猥亵、性骚扰男性的，情节严重的，可以构成犯罪。

根据猥亵罪规定，侵害未满十四周岁儿童（包括男童）的是加重情节，在量刑时给予加重判罚。

但是，强奸罪的规定，还是仅仅涉及妇女和未满十四周岁幼女，并未包括男童，更没有包括男性。这意味着，性侵害男性的行为，只能援引猥亵罪条款进行惩罚，而无法适用强奸罪。但是，这两个罪名的最高刑相差悬殊，现实中，导致对未满十四周岁的幼女和男童的保护力度差别很大。

律师讲解

现实生活中对于男性的骚扰很常见，只是男性碍于面子和不太仔细的性格，容忍度较高，不喜欢到处倾诉。

根据美国的一项调查显示，高达43%的男性表示，曾经遭遇过异性“性骚扰”，表现形式包括：衣着暴露、举止轻浮具有挑逗性、身体接触过分亲密、谈话涉及隐私领域、讲黄色笑话和发送黄色短信等等。这些行为都让男性感到不舒服，觉得被骚扰了。

一直以来，针对十四至十八岁的男孩子的保护都是一个薄弱和模糊的领域，比如，未满十四周岁的幼女受到侵犯，可以援引《刑法》中强奸罪的规定，最高刑可以是死刑。

若是未满十四周岁的少男受到侵犯，对他们的保护级别就比较低。只是猥亵罪可以适用，最高刑只有五年有期徒刑。

近些年，随着互联网的发展、非法药物的出现和滥用，针对男性，特别是男童的性犯罪越来越多，已经成为一个全世界的问题。

比如，英国前几年修订法律，认定十二周岁以下的男童无性行为能力，针对这些孩子的性行为就是强奸。从而加强对这个年龄段的儿童的保护。

但是，截至目前，我国尚未有类似规定出台。在保护儿童免受侵犯的领域，存在着明显的“逆向歧视”的情况，即，只关注和强调了原来弱势的女童的保护，而忽略了新型犯罪中应当受到同等保护的男童的权利。

目前，未成年男性，只能通过最高法院出台的《刑法修正案（九）》有关“猥亵罪”的规定来追究施暴者的法律责任，法律暂时没有给予未满十四周岁男童受到性侵害以特殊保护。

最新《未成年人保护法》相关规定释义

最新《未成年人保护法》中对于未成年人的保护不区分性别，进行平等保护，如第三条规定，国家保障未成年人的生存权、发展权、受保护权、参与权等权利。未成年人依法平等地享有各项权利，不因本人及其父母或者其他监护人的民族、种族、性别、户籍、职业、宗教信仰、教育程度、家庭状况、身心健康状况等受到歧视。

《未成年人保护法》第七章“司法保护”第一百一十一条规定：公安机关、人民检察院、人民法院应当与其他有关政府部门、人民团体、社会组织互相配合，对遭受性侵害或者暴力伤害的未成年被害人及其家庭实施必要的心理干预、经济救助、法律援助、转学安置等保护措施。

第一百一十二条规定：公安机关、人民检察院、人民法院办理未成年人遭受性侵害或者暴力伤害案件，在询问未成年被害人、证人时，应当采取同步录音录像等措施，尽量一次完成；未成年被害人、证人是女性的，应当由女性工作人员进行。

最新《未成年人保护法》对于未成年人的保护没有区分性别，在处理未成年人性侵案时，也未对男童和女童进行差别对待。因此，希望有关部门能够在新版《未成年人保护法》的基础上，修订刑法的相关内容，从而加强对于男童的保护，体现《未成年人保护法》中对未成年人平等保护的原则，给予施暴者以有力地震慑和打击。

十一、刑事责任年龄应该下调到几周岁？

案例一：

六年前，广西河池市的一位 13 岁少女因为嫉妒同班同学长得比自己漂亮，遂怀恨在心。

某日，她诱骗这名同学到自己家中玩耍，趁对方不注意，将其打晕，并将其杀害，进行肢解，手段极其残忍。

但是，因为案发时，该女孩尚未年满 14 周岁，根据法律规定，她未被追究刑事责任，只判处收容教养三年，家长赔偿受害者家属 10.8 万元。此案已经终审结束，判决已经生效。

案例二：

2019 年 10 月 20 日，大连 13 岁少年蔡某某将住家附近的 10 岁女孩王某诱骗到家中，图谋不轨，遭到拒绝和反抗后，残忍地将女孩杀害，并抛尸在小区旁边的灌木丛中。

受害女孩的家属报案后，警方经过侦查，迅速锁定蔡某某为犯罪嫌疑人，将其抓捕后，蔡某某供认了全部犯罪事实。

可是，因为蔡某某尚未年满十四周岁，《刑法》第十七条规定，犯罪时，未满十四周岁的未成年人不负刑事责任。所以，蔡某某没有被追究刑事责任，而是交给当地公安机关进行劳动教养。

类似事件近几年频繁见诸报端，在民间引起广泛关注和讨论，大家普遍认为行凶者罪大恶极，杀人应当偿命。现在，却因为十四周岁的刑事责任年龄的规定，逃过法律的制裁，实在是不公平，呼吁修改刑法，将刑事责任年龄下调。

不过，由于很多人对于刑事责任年龄的规定的基本原理不了解，所以，关于下调年龄到几岁，存在着较大争议，从八岁到十三岁不等，至今在法学界、司法实践领域和民间均未达成共识。

法律适用

我国《刑法》第十七条规定：已满十六周岁的人犯罪，应当负刑事责任。已满十四周岁不满十六周岁的人，犯故意杀人、故意伤害致人重伤或者死亡、强奸、抢劫、贩卖毒品、放火、爆炸、投毒罪的，应当负刑事责任。

即已满十六周岁犯罪的，都要完全承担刑事责任，而已满十四周岁但不满十六周岁的仅对上述八种行为承担刑事责任。因此，我国刑法对于刑事责任年龄的规定是四分法：

十四周岁以下，是绝对无刑事责任年龄。

十八周岁以上，是绝对承担刑事责任年龄。

十四至十六周岁之间，是相对刑事责任能力年龄。

十四至十八周岁之间，是减轻刑事责任年龄。

基于上述规定，当行为人不满十四周岁（户籍登记生日的第二天视为已满）时，法律不追究其刑事责任。

但是，受害人家属还是享有追索民事赔偿责任的权利，行为人和其监护人应当共同承担民事赔偿责任。

目前，针对未满十四周岁的行为人的犯罪行为的制裁，就是通过两个渠道进行的：第一，对于那些违法犯罪情节严重的，将其交给当地公安机关进行劳动教养。第二，由行为人和其监护人向受害者和家属进行民事赔偿，以示惩戒。

尚未有司法实践突破十四周岁不负刑事责任的规定，这是刑事法律中“罪刑法定”基本原则的体现，是司法文明的结果。

律师讲解

犯罪是一种有意识和有意志的行为，辨别是非，控制自己的行为的能力，均和年龄有关。

因此，不仅中国，世界上各国都对未达一定年龄的人，不追究刑事责任。这是人类进步的表现，也是人权之一。

但是，各国对承担刑事责任的年龄划分却各有不同，这里体现了各国的法律传统和理念。

比如，英国《儿童和青年人法》将刑事责任年龄确定为10岁。

美国各州不同，刑事责任年龄从7岁到16岁不等。

德国将14—18岁的人称为少年，18—21岁的人称为未成年青年，在刑事追责时给予宽宥。

刑事责任年龄的确定是为了给予实施了不良行为的年幼者免除或减轻责任的合法辩护事由，因为中外法律传统中均有“年幼者不足以谋犯罪事”的基本理念。

但是，刑事责任年龄并非免除或减轻年幼者责任的唯一参考标准，不同国家对此有不同的理论和原则：

比如，英美是判例法国家，他们在判断儿童是否需要承担刑事责任的时候，根据情况未必仅仅考虑年龄这个要素。

本来强奸罪中，年龄是重要条件之一，被告人未达年龄要求，被认为是“性无能”，无法实施犯罪。

但是，随着时间推移，心理学和社会学的发展，14 岁以下男孩不能实施性犯罪的结论被推翻，因此，触犯此罪的年龄也降低了。

2017 年 10 月 1 日正式实施的《民法总则》第十九条，将限制民事行为能力人的年龄下调到八周岁。

下调的理由是，现在的孩子普遍早熟，智力和认识能力的发育都较之前早很多。如果再沿用以前的规定，显然已经不适合新情况，无法对有些孩子的行为进行有效规制，不利于他们的健康成长，也会让社会矛盾增加。

既然民事法律中，已经下调民事主体承担民事责任的年龄，那么，这说明其实理论界和实践中对于现在未成年人的智力和行为认知能力较之前有提升，已经形成共识。

因此，下调刑事责任年龄的理论争议焦点就不存在了，唯一需要界定清晰的就是，刑事责任年龄下调到几岁比较合适。关于这一点，可以结合《民法总则》中八周岁的规定，和国际上其他国家的年龄规定来确认。

《礼记 · 曲礼上》中云：“悼与耄，虽有罪不加刑焉”，指 80 岁以上的老人和 7 周岁以下的孩童，即便犯罪也不施加刑罚。这种传统至今流传。可见，我们现在的刑法较之古代更宽松，体现了更为人性化的理念。只是，情况在变化，让孩子们早一点知道自己需要为自己的行为负责，并非坏事。

《民法典》相关规定的释义

《民法典》沿用了《民法总则》中，有关限制民事行为能力人年龄下限为八周岁的规定，因此，我们可以预期未来在确定刑事责任年龄方面，也许会参考这个思路，下调刑事责任年龄的下限，以适应当前未成年人心智早熟的情况，让法律规定更符合现实，回应民间的呼声。

十二、孩子的安全，父母是第一责任人

闹得沸沸扬扬的“养父性侵幼女案”经过中央调查组的调查已经有了结论，即，女孩和其母亲隐瞒年龄，事发时女孩已经年满十八周岁，且未提供其受到胁迫的有力证据，因此，鲍某的行为不构成强奸。但是，因为鲍某已经加入美国籍，却还在中国国内以律师身份执业，所以，他违反了中国法律规定，被驱逐出境。

尘埃落定之后，复盘此事，反倒引发了深刻的思考。

尽管女孩的年龄和事情刚刚爆出时存在重大不同，但是，针对鲍某的性侵指控却不受其年龄限制，只是在定性上和量刑上有差别。也就是说，不论女孩当时是不满 14 周岁，还是已满 18 周岁，她都可以向鲍某明提出性侵指控。所不同的是，如果性侵不满 14 周岁的幼女，不论女方是否自愿，都构成强奸罪，并属于加重情节。而如果性侵年满 18 周岁的女性，那么，就需要查证当时双方的意愿，是否构成强奸罪，女方必须有比较翔实的证据。

法律适用

在 2015 年废除“嫖宿幼女罪”之后，我国法律对于那些和未满 14 周岁的少女发生性关系的行为，一律按强奸罪论处。不论女方是否愿意，不论是否给付金钱、财产或其他对价，一刀切，没商量。

当前刑法如此规定，是为了打击针对未成年人女性的性犯罪，更好地保护女孩的身心健康，维护良好的社会道德秩序。“嫖宿幼女罪”法条的废除是人大代表、政协委员和广大群众多年呼吁的结果，充分体现了民主、法治的精神。

《刑法》第二百三十六条强奸罪，是指违背妇女意志，使用暴力、胁迫或者其他手段，强行与妇女发生性交的行为，或者故意与不满十四周岁的幼女发生性关系的行为。

因此，在认定鲍某是否构成强奸罪的过程中，女方的自我意愿就变得特别重要。如果女孩当时年满 14 周岁，甚至已经 18 周岁了，那么，她必须举出证据说明鲍某违背她的意愿，对她进行了性侵。

正是基于这一点，女孩的年龄成为本案最为关注的焦点。而当调查组证明她在事发时已经年满 18 周岁后，是否构成性侵，就必须要由她自己来举证说明了，事态的发展产生了 180 度的逆转。

女孩无法提供证据证明，事发时自己被强迫、被暴力对待或被其他方式胁迫，因此，最后鲍某明没有被追究性侵的刑事责任。

另外，事发时，女孩已经年满 18 周岁，那么，女孩和母亲欺骗鲍某、并指控他性侵的行为，在法律上是否构成诈骗罪或者名誉侵权？目前，鉴于鲍某已经因为此事身败名裂，被驱逐出境，所以，估计他也不会再就此事追究女孩和其母亲的法律责任了。即便他主张权利，根据法律公平、正义、诚信的基本原则，此种有违公序良俗的行为引发的纠纷，也不会得到法律支持。

律师讲解

虽然当事女孩已经年满 18 周岁，但是，作为孩子的母亲对于鲍某想要寻找未成年少女的想法是心知肚明的，而鲍某的这种特殊癖好，是否会对女儿产生意外的伤害呢？这是这位母亲应该考虑而未给予充分考虑的内容。

她最需要考察的内容，她却没有丝毫意识到：

第一，鲍某年过不惑，孑然一身，是否身有隐疾？或者性格怪僻？

第二，鲍某对于已经处于青春期的女孩抱有好感，是否目的不单纯？

第三，鲍某工作繁忙，是否能够很好地照顾女儿？

第四，鲍某身为律师，为什么在收养女儿这件事上，要做出明显违背法律规定的行为？

即，不符合收养条件而收养，不办理收养手续，表面的承诺和实际的行为之间存在差异，且没有给予合理的解释。

因此，作为母亲，虽然孩子已经 18 岁了，但是，在做出将孩子送养给一个陌生的成熟男人的时候，将孩子孤身一人交付给他人共同生活的重大决定的时候，这个母亲的履职行为存在疏忽或过失，缺乏必要的审慎。

抛开本案，从未成年人保护的角度上看，必须强调，《民法总则》《未成年人保护法》和《义务教育法》等法律均确立了父母为未成年人第一责任人的原则，且明确立法保障实施。

因此，如果当时女孩未成年，那么，无论鲍某的行为多么恶劣，都无法否认，是女孩母亲主动将女儿置于此种危险境地的，她没有尽到监护责任，她应当承担的民事责任或道德责任都是不能豁免的。

但是，我国针对监护人的监护不到位、照顾不周、忽视遗弃等行为的追究还存在很多漏洞，只有那些直接造成严重损害后果的才被追究法律责任。

比如，几年前南京的吸毒母亲将两个幼女留在家中，外出聚友吸毒，时间长达一个多月，导致两个孩子活活饿死。这个案子中，孩子母亲的行为和孩子死亡之间存在直接因果关系，因此，这个母亲以故意杀人罪被逮捕，并被判处无期徒刑。

未来的时间里，我们需要考虑如何从亲子法的角度来完善未成年人保护的制度，让父母能够真正成为孩子们的第一责任人，让家庭真正成为孩子们的安全港湾，杜绝此类悲剧的发生。

十三、幼儿园对孩子的职责边界在哪里？

2019 年 4 月，湖南益阳的胡先生开车将四岁女儿琪琪送到幼儿园门口，此时，他接听了一个电话，然后又玩了一会儿游戏，就开车离开了。

来到目的地，胡先生锁车后去办事了。下午五点，琪琪的妈妈去幼儿园接孩子回家，才得知琪琪一天都没来幼儿园。经过老师和家人的多方寻找，最后在胡先生的汽车后座上发现了孩子的尸体。

原来，早上的时候，胡先生把孩子送到幼儿园门口，因为接听电话，所以根本没有注意女儿是否下车。他把孩子遗忘在车里长达九个小时，当时益阳地区的白天最高气温为 30 度。琪琪在汽车里，经过了痛苦的煎熬，最终不幸去世。

事发之后，胡先生和妻子痛不欲生，在后悔自责的同时，他们也发出质问：为什么孩子一天都没来幼儿园，也没请假，幼儿园老师却没有跟家长联系呢？如果老师能够询问一下孩子未到校的原因，也许悲剧就不会发生。

基于这样的想法，他们认为幼儿园的考勤制度有缺陷，老师的责任心不够，于是，向幼儿园提出索赔。最后，经过调解，幼儿园向胡先生夫妻赔付了 3.2 万人民币，此事才算了结。

一时间，舆论哗然，很多人声讨这个父亲没有良知，拿女儿的命换钱。更有人认为，这个父亲的行为应该算是过失杀人，应当被追究刑事责任。

同时，也有很多人认为幼儿园赔钱太冤：明明是家长的错，最后却是幼儿园掏钱，这岂不是助长了家长的不负责任？幼儿园对于孩子的职责边界到底在哪里呢？

法律适用

什么是过失杀人？过失杀人指非故意或预谋的杀人、由于疏忽造成的杀人、由于普通过失致使他人死亡的行为。

在过失杀人的犯罪构成的四个要件中，这个罪的犯罪客体是他人的生命权，即，因为行为人的行为，导致他人生命权受到伤害，那么，此事中父亲的遗忘行为导致小女孩的死亡，丧失了生命，无疑符合这个罪名的客体要求。

第二个要件是犯罪主体，即年满十六周岁的完全行为能力人。那么，这个父亲肯定符合这个条件，他肯定已经年满十六周岁，也没有精神疾病等导致其不具备行为能力的情形，因此，这个主体要件也满足。

第三个要件是客观要件，就是指他人死亡的结果和行为的过失行为之间存在因果关系。那么，这个父亲因为打电话而遗忘女儿的行为，和女儿死亡的结果之间是否存在因果关系呢？

答案是肯定的。因为没有遗忘，就没有窒息，没有窒息，女孩就不会死亡。这个因果关系是非常明确的。

至于所谓幼儿园考勤制度存在缺陷，纯属强词夺理，因为女孩不是老师没有打电话才死亡的，是因为自己的父亲将其遗忘在车内才死亡的。哪个是因，哪个是果，大家都能看明白。这个客观要件也满足。

现在，就剩下最后一个要件了，如果这个要件也满足，那么这个父亲的刑事责任就可以被认定了。这个要件是主观要件，即过失，这里的过失就是指行为人对其行为的结果抱有过失的心理状态，包括疏忽大意的过失和过于自信的过失。

疏忽大意的过失是指行为人主观上对自己的行为可能造成他人死亡的结果应当预见而没有预见，应当预见是法律对行为人实施某种有意识的行为时，可能造成他人死亡结果的主观认识上的要求。

比如，甲和乙互殴，乙受伤倒地之后，甲欲开车离开。可是，此时乙所在位置正在甲车的前面，经过甲的提醒，乙并未移动身体，而甲却不管不顾，径直发动汽车，结果车子碾压了乙，导致乙内脏严重受伤，当场死亡。此时甲的行为就可以视为疏忽大意的过失杀人，因为他应当预见到乙受伤倒地后，无法立即挪动身体，为他的车让道。所以，他在未经查看道路的时候就发动汽车离开，碾压乙，导致乙死亡，就是主观上的疏忽大意。

过于自信的过失，是指行为人对自己的行为可能造成被害人死亡的结果已经预见，但却轻信能够避免这种结果的发生。由于行为人已预见到自己的行为可能发生他人死亡的结果，进而产生了避免这种结果发生的责任，他却没有有效地防止他人死亡结果的发生，没有尽到自己应尽的责任。因此，行为人应对自己因主观上的过于自信所造成的危害结果负刑事责任。

比如，甲和乙打架，乙受伤严重，血流不止，向甲呼救，而此时的甲却走开了，既没有救助乙，也没有为乙呼叫救护车或者寻找其他人进行帮助，而是留乙在原地自生自灭。最后，乙因为失血过多，躺在地上死去了。此时的甲因为没有采取有效措施，避免乙的死亡，可以被认定为主观上存在过于自信的过失。

说了这么多，我们对于主观要件的过失已经有了明确的认识。那么，在粗心父亲这个事件中，父亲的主观要件是否符合过失的定义吗？也就是说，他是疏忽大意的过失，还是过于自信的过失呢？从整个过程中，我们可以看到，粗心父亲的主观上并没有预见到自己的行为会产生女儿死亡的结果，即，他既不是应当预见死亡而没有预见，也不是已经预见死亡而放任死亡发生。

因此，他从主观上并没有意识到女儿会死亡这个结果，他也就不存在主观上的过失。而主观要件不具备，过失杀人的要件就不齐备，要认定过失杀人的罪责也就无法成立。这件悲剧就是一个意外事故。

律师讲解

通过上述分析，可以确定这个粗心的父亲的行为不构成过失杀人的刑事犯罪。那么，是否意味着幼儿园真的应该负责呢？幼儿园和学校这样的机构对于未成年人到底肩负怎样的责任呢？

本案中，胡先生夫妇认为幼儿园的考勤制度有缺陷，老师的责任心不强，导致女儿的死亡。他们的理由站得住脚吗？我们来分析一下。

《侵权责任法》第三十八条规定，无民事行为能力人在幼儿园、学校或者其他教育机构学习、生活期间受到人身损害的，幼儿园、学校或者其他教育机构应当承担责任，但能够证明尽到教育、管理职责的，不承担责任。

这条规定明确对于无民事行为能力人来说，幼儿园、学校等教育机构承担的是过错推定原则，即，推定这些教育机构承担过错责任为原则，除非能够证明自己没有责任。

比如，幼儿园中的幼儿意外摔倒头部受伤，家长指控幼儿园的地面湿滑导致孩子摔倒受伤。而同时，幼儿园却无法证明地面是否湿滑，或者孩子受伤是否和地面湿滑有关。因此，在这样的情况下，幼儿园就被认定有过错，应当承担责任。

《侵权责任法》第三十九条规定，限制民事行为能力人在学校或者其他教育机构学习、生活期间受到人身损害，学校或者其他教育机构未尽到教育、管理职责的，应当承担责任。

这条规定明确，对于限制民事行为能力人来说，幼儿园、学校等教育机构承担的是过错责任原则。即，只有当这些教育机构有过错时，才承担责任。没有过错时，就不必承担责任。

根据我国法律的规定，八至十八周岁的未成年人都是限制行为能力人，他们虽然没有完整的民事行为能力，但是，他们对于跟他们年龄相符的行为及其后果也已经有了判断力，对此他们有义务承担相应的后果。与此同时，教育机构只要尽到了合理注意义务，就可以免责。

比如，在小学校里，四五年级的高年级学生，普遍都年满十周岁，上体育课时，老师要求大家遵守安全规范，按顺序参与投掷沙包的活动。可是，个别孩子不遵守老师的要求，不按顺序排队，趁着老师不注意，插队抢投，结果造成对同学的伤害。

那么，此时，只要学校能证明自己和老师都尽到了合理注意义务，孩子的插队和抢投行为是无法预见的，那么，学校和老师就可以免责，受伤孩子的损失只能找不守规矩的孩子的家长索赔。

综上，在上述琪琪死亡的案件中，我们可以看到：

孩子发生意外的地点根本不在幼儿园内，无论幼儿园是否履行了合理注意义务，都对孩子的事情没有影响。

虽然幼儿园老师对于琪琪的缺勤没有进行及时的跟踪和询问，但是，这和琪琪的死亡之间没有必然的因果关系。琪琪的去世不是老师没有打电话导致的。

幼儿园对于琪琪的去世既没有管理教育责任的缺失，也没有合理注意义务的缺失，因此，要求幼儿园承担侵权责任是缺乏事实和法律依据的。

但是，毕竟是一个小生命消失了，出于人道主义的安抚原则，幼儿园自愿给予一些补偿，也是人之常情。

只不过基于人文关怀的补偿，不能被视为理所当然的法律赔偿。此处，我们应该谅解这位父亲，毕竟丧女之痛足够他煎熬了，恐怕比蹲监狱还令人难以忍受。

相关法律规定释义

《民法典》“侵权责任编”中对于幼儿园的责任承担的规定，和前述《侵权责任法》的内容并无不同，沿用了原来的规定。

最新《未成年人保护法》也只是明确了学校、幼儿园对于未成年人在校、在园时的卫生、安全和教育责任。

如，第三十四条规定：学校、幼儿园应当提供必要的卫生保健条件，协助卫生健康部门做好在校、在园未成年人的卫生保健工作。

第三十五条规定：学校、幼儿园应当建立安全管理制度，对未成年人进行安全教育，完善安保设施、配备安保人员，保障未成年人在校、在园期间的人身和财产安全。

因此，即便是按照最新《民法典》和《未成年人保护法》的规定，幼儿园对于在其园外发生的伤害事件也没有法律责任。本案中，幼儿园给予的费用应当视为出于人道主义精神，而进行的精神安慰补偿，而非赔偿。